AC FRENCH 2
Support Book

ACCESS
FRENCH 2
Support Book

Bernard Grosz
Series editor: Jane Wightwick

Hodder Arnold

A MEMBER OF THE HODDER HEADLINE GROUP

Orders: please contact Bookpoint Ltd., 130 Milton Park, Abingdon, Oxon OX14 4SB. Telephone: +44 (0) 1235 827720, Fax: +44 (0) 1235 400454. Lines are open from 9.00 to 6.00, Monday to Saturday, with a 24-hour message answering service. You can also order through our website: www.hoddereducation.co.uk

British Library Cataloguing in Publication Data
A catalogue entry for this title is available from The British Library.

ISBN-10: 0-340-90529-8
ISBN-13: 970-340-90529-6

First published 2005
Impression number   10 9 8 7 6 5 4 3 2 1
Year   2010 2009 2008 2007 2006 2005

Copyright © 2005 Bernard Grosz

All rights reserved. No part of this publication may be reproduced or transmitted in any form or by any means, electronic or mechanical, including photocopy, recording, or any information storage and retrieval system, without permission in writing from the publisher or under licence from the Copyright Licensing Agency Limited. Further details of such licences (for reprographic reproduction) may be obtained from the Copyright Licensing Agency Limited, of 90 Tottenham Court Road, London W1T 4LP.

Typeset by Transet Ltd., Coventry, England.
Printed in Great Britain for Hodder Arnold, an imprint of Hodder Education, a member of the Hodder Headline Group, 338 Euston Road, London NW1 3BH by Bath Press Ltd, Bath.

Contents

Solutions to exercises — PAGE 1

Recording transcripts — PAGE 40

Audio content — PAGE 81

Reference cards — PAGE 83

SOLUTIONS TO EXERCISES

UNIT 1

1 Mais je ne connais personne ici ...

A Jacques et Marie-Claire, Brigitte, Oliver, Rachid, Agnès, Muriel.

B

Jacques et Marie-Claire
work in Versailles
live in Paris ✔

Brigitte
Olivia's younger sister
36 years old ✔
works for an insurance company ✔
married

Oliver
Brigitte's fiancé ✔
Scottish ✔
from Aberdeen
does not speak French

Rachid
Olivia's friend since they were 20
works with computers ✔
works for a large company
single

Agnès
single mother
2 children ✔
shop assistant
pregnant ✔

Muriel
works in the same company as Nathalie and Olivia ✔
marketing manager
separated ✔
having an affair with next-door neighbour, Jérôme

UNIT 1

C 1 **f** This lesson is not interesting.
2 **e** I don't smoke any more.
3 **a** There is nobody in the kitchen.
4 **h** You never understand anything.
5 **g** I never talk to his brother.
6 **d** There is no more water in the kettle. 7 **c** I don't speak French.
8 **b** Nobody wants to work for him.

D 1 Non, je ne fais pas de sport.
2 Non, je ne vais jamais au cinéma.
3 Non, je ne sors jamais avec mes amis. 4 Non, je ne veux rien boire.
5 Non, je ne vois personne le week-end. 6 Non, je ne fume plus. 7 Non, je ne sais pas nager. 8 Il n'y a rien au cinéma en ce moment. 9 Non, je ne mange plus de viande. 10 Non, je ne fais jamais mes devoirs.

E *Examples of answers:* 1 Voici Djamal, il a quarante-deux ans et il est né dans le Sud de la France. Ses parents sont algériens. Il est avocat et il a un petit ami, mais sa famille ne le sait pas.
2 Voici Sylvie, elle est née en 1970 à Bordeaux mais elle habite à Lyon où elle travaille comme infirmière. Elle est divorcée mais elle va épouser un millionnaire le mois prochain. Elle n'a pas d'enfant.
3 Voici Philippe, il a trente-cinq ans. Il est au chômage et il habite donc avec ses parents. Il ne sait pas garder ses petites amies plus d'une semaine et il boit trop aussi.
4 Voici Jennifer, elle a vingt-deux ans. Elle voyage beaucoup et voudrait devenir hôtesse de l'air mais elle n'aime pas étudier. Elle n'a jamais d'argent mais a une vie sociale très remplie.

2 Où, quand, comment? Dites-moi tout!

A 1 Faux. 2 Vrai. 3 Faux. 4 Faux. 5 Faux. 6 Vrai. 7 Vrai. 8 Faux.

B tu fais; je suis; tu vois; tu habites; tu deviens; tu sais; je cours; gardent; ils insistent; j'accepte; tu es; tu as; j'en ai; ils sont; je vais; ne veut pas; il préfère; je pars; je prends; tu voyages; tu sais; je le peux; quelle heure est-il?; je dois; je te téléphone; elle n'a même pas.

D 1 **d**, 2 **g**, 3 **e**, 4 **a**, 5 **c**, 6 **f**, 7 **h**, 8 **b**.

E 1 Qu'est-ce que tu veux faire ce week-end? 2 Pourquoi ne restons-nous pas à la maison? 3 A quelle heure est-ce que ta mère arrive? 4 Combien de paires de chaussures as-tu? / Tu as combien de paires de chaussures? 5 Comment s'appelle l'aéroport au nord de Londres? / L'aéroport au nord de Londres s'appelle comment? 6 Combien ont-ils d'enfants? / Ils ont combien d'enfants? / Combien d'enfants ont-ils? 7 Où est-ce que vous partez en vacances cette année? 8 Est-ce que vous aimez la musique classique?

3 C'est une question de personnalité!

A 1 Taureau. 2 Lion. 3 Capricorne. 4 Poisson. 5 Bélier. 6 Scorpion. 7 Sagittaire.

B 1 déprimée. 2 fatigué/fatiguée. 3 inquiet/inquiète. 4 malheureux/malheureuse. 5 heureuse. 6 tristes. 7 malades. 8 furieux/furieuse. 9 seule. 10 déçu.

E 1 Francis trouve le film très sympa. 2 Son personnage préféré, c'est Gaby. C'est une **belle** femme **élégante**. Elle **cache** pas mal de secrets. 3 Emmanuelle Béart **joue** le rôle de Louise, la **nouvelle** femme de chambre. C'est une fille qui ne se laisse pas marcher sur les **pieds**. 4 Tous les personnages chantent une **chanson** dans le film. Francis trouve que c'est un peu **bizarre**, mais **marrant**. 5 Dans le film, Augustine est une vieille fille qui **râle** toujours sur **tout**. Elle est toujours de **mauvaise** humeur et crie dans la maison comme une **folle**. 6 Francis a trouvé le film **amusant** et voudrait le **revoir** avec Olivia la semaine **prochaine.**

La Francophonie

B a 3, **b** 6, **c** 2, **d** 4, **e** 5, **f** 1.

UNIT 2

1 Vous vous souvenez?

B *Personnage 1:* Obélix. *Personnage 2:* Tintin. *Personnage 3:* Hercule Poirot.

C 1 Vrai. 2 Faux. 3 Faux. 4 Vrai. 5 Faux. 6 Vrai.

2 C'est tous les jours la même chose ...

A 1 g, 2 f, 3 c, 4 a, 5 d, 6 e, 7 h, 8 b.

B 1 Nous nous marions la semaine prochaine. 2 Je me demande où sont les enfants. 3 Elle se dépêche, son train est à 15h00. 4 Les enfants ne s'ennuient pas à la plage. 5 Il s'appelle Robin, n'est-ce pas? 6 Je vais me fâcher si tu continues. 7 Vas-tu te brosser les dents? / Tu vas te brosser les dents?

C 1 Three months. 2 4am. 3 2.30pm. 4 He takes a group of children for sports activities at 5pm every day. 5 His wife. 6 Two. 7 His son. 8 His results and his behaviour. 9 He goes for a coffee with his colleagues. 10 She has a meeting with the manager.

D Bernard est dans le bureau de Marie Basson. Elle le prie de **s'asseoir**. Bernard **travaille** dans la compagnie depuis trois mois. Son travail **se passe** bien, il **se sent** un peu fatigué mais il **s'habitue** au nouveau rythme de travail.

Il **finit** en général à 14h30. Malheureusement, il ne peut pas **se reposer** car il **s'occupe** du club sportif du village. Le soir, sa femme **prépare** le repas.
Bernard **s'inquiète** des résultats scolaires de son fils. Il a treize ans mais il ne **s'intéresse** à rien et ses professeurs **se plaignent** de son comportement en classe. Bernard **se demande** si ce n'est pas juste un problème d'adolescent...

Bernard **s'entend** bien avec ses collègues. Ils **se retrouvent** pour prendre un café quelquefois après le travail.

E *Examples of questions:* 1 A quelle heure est-ce que vous vous levez (pendant) la semaine?
2 A quelle heure vous levez-vous (pendant) le week-end?
3 Qu'est-ce que vous faites quand vous vous levez?

4 Qu'est-ce que vous prenez/mangez/buvez pour le petit déjeuner?
5 Qu'est-ce que vous faites quand vous avez du temps libre?
6 Qu'est-ce que vous faites avant de vous coucher?

3 C'est de l'histoire ancienne

A 1 b Je suis né **le 18 août 1970.**
2 **a** J'ai étudié **la biochimie.**
3 **i** Il a réussi **à convaincre ses partenaires.**
4 **d** Elle a raté **son concours d'entrée à l'université.**
5 **e** Il est allé **à l'Ecole de Commerce de Lille.**
6 **g** Ils ont voyagé **partout en Europe.**
7 **c** J'ai dépensé **toutes mes économies.**
8 **f** Nous avons passé **trois semaines au bord de la mer.**
9 **h** Ils n'ont pas eu **assez de temps pour finir le projet.**

B J'ai pris... J'ai versé... J'ai regardé... J'ai essayé... J'ai écrit mes remarques. J'ai tourné... J'ai fait attention... J'ai senti ... J'ai identifié.../ J'ai noté mes impressions. J'ai pris... J'ai mâché... J'ai fait... J'ai craché... J'ai donné mes impressions générales...

C 1 Jérôme a étudié la biochimie pendant **deux** ans. 2 Il a **raté** tous ses examens. 3 Il a **épousé** Valérie un an plus tard. 4 Jérôme et Valérie ont fait le tour **de la France.** 5 Ils ont **acheté** une maison. 6 Les problèmes ont commencé. Valérie est devenue **dépressive.** 7 Valérie a **dépensé** beaucoup d'argent. 8 Muriel est allée chez **les parents** de Jérôme. 9 Ils ont beaucoup **ri.**

D 1, 6, 10, 2, 8, 3, 13, 7, 4, 12, 11, 5, 9, 14.

4 Je suis Ch'ti ... *and I'm a Brummy!*

B 1 **e**, 2 **a**, 3 **i**, 4 **f**, 5 **b**, 6 **h**, 7 **c**, 8 **g**, 9 **j**, 10 **d**.

C

City: LILLE
County: NORD–PAS-DE-CALAIS
Number of inhabitants: **over a million**

2001: **Lille became a tourist destination**
2004: European Capital of Culture

Tourist attractions: Museums, clock towers, **palaces, gardens, statues, buildings.**

Industry: Mass distribution (Auchan), **mail order** (La Redoute), food-processing industry, **electronics/computing**, **printing works** and **research**.

Finance: **Third** ranking financial city in France.

Business centre: Euralille (located in **the heart of the city**).

Transport: First automated metro in the world. High speed trains (one hour from Paris, **30 minutes** from Brussels and **1 hour 40 minutes** from London).

Educational sector: Third university centre in France (1 million pupils and students).

Music and dance: **National academy of music and dance. Lille also has many theatres, concert halls and bars with live music.**

Entertainment: Bars, nightclubs, **dinner-shows**, cinemas, no shortage of **occasions to celebrate.**

D 1 A survey to nominate the person who best represents the Nord–Pas-de-Calais region. 2 Dany Boon came second, after Charles de Gaulle. 3 His father was a lorry driver and his mother was a cleaning lady. 4 He left the region and moved to Paris. 5 It was all in 'Ch'ti', the local dialect. 6 Dramatic, emotional and throaty. 7 The people recognised themselves in this show.

E 1 a, 2 b, 3 b, 4 a, 5 a.

La Francophonie
B a, b, e, f, g, h, k, l.

C 1 Faux. 2 Vrai. 3 Faux. 4 Vrai. 5 Vrai. 6 Faux. 7 Vrai.

UNIT 3
1 Vous vous souvenez?
B Elever des filles d'un certain âge **est** une mission parfois ardue, surtout lorsqu'**il s'agit d'**adolescentes. Elles peuvent **passer** des journées entières à **se chochoter** des secrets et tout à coup, se transformer en de véritables harpies.

Elles **se disputent**, deviennent jalouses l'une de l'autre et finissent par vous choisir en définitive pour arbitre. Lorsque votre jugement se fait, forcément l'une n'est pas contente et vous accuse d'être **injuste** à son égard…

"J'ai deux **filles** âgées l'une de 17 ans et l'autre de 15 ans. Mahdia est gentille et **douce;** par contre, Fadela, la plus jeune, est agressive et **bagarreuse**. Elle pardonne moins à sa sœur une parole dite par inadvertance ou un mot déplacé… Elle est souvent sur le qui-vive.

J'essaie de ne pas m'**interposer** pour les laisser régler leurs affaires mais malheureusement, ça dégénère rapidement en crises, en injures et en **larmes**. Lorsque je prends le parti de Mahdia, ma cadette m'en veut et ne me parle plus. Elle juge que je préfère sa sœur et me qualifie d'injuste.

Mon époux m'a fait également la remarque. Il est vrai que je protège beaucoup Mahdia mais **uniquement** parce qu'elle ne sait pas se défendre. Seulement, elles sont toutes les deux mes filles et je les aime l'une autant que l'autre. Comment **régler** cette situation complexe?" demande Kamila, une maman de 46 ans.

C 1 Elles **se sont transformées** en de véritables harpies. 2 Elles **se sont disputées**, **sont devenues** jalouses l'une de l'autre et **ont fini** par me choisir pour arbitre. 3 J'**ai essayé** de ne pas m'interposer pour les laisser régler leurs affaires. 4 Lorsque j'**ai pris** le parti de Mahdia, ma cadette m'en **a voulu** et ne **m'a plus parlé**. 5 Ma fille **n'a pas su** se défendre.

2 J'ai besoin de liquide

A 1 un portefeuille. 2 un porte-monnaie. 3 une carte de crédit. 4 un carnet de chèques. 5 de l'argent. 6 un guichet automatique. 7 un guichet de banque. 8 le taux de change.

B 1 They all very jealous seeing Muriel and Jérôme together. 2 He suggests they go out for a meal in a restaurant. 3 He needs to get some cash. 4 The cash machine won't let him withdraw any cash. 5 She will try to withdraw some cash with her card. 6 After she entered the wrong PIN number three times, the machine swallowed Muriel's card.

C 1, 8, 2, 9, 5, 10, 3, 11, 6, 7, 4.

D 1 Nous avons transféré **notre** salaire sur **notre** compte. 2 Tu as reçu **ta** nouvelle carte de crédit? 3 J'ai laissé **mon** porte-monnaie dans **votre/ta** voiture. 4 Vous avez **votre** passeport, madame? 5 Elle a laissé **son** passeport dans **sa** valise. 6 **Nos** enfants ont un compte-épargne. 7 On m'a volé tous **mes** chèques de voyage. 8 J'ai besoin de **son** adresse email.

E *Possible anwers:*
Maurice: Mais qu'est-ce qui vous arrive? Il y a quelque chose qui ne va pas?

Vous: Je suis ennuyé(e), le guichet automatique a avalé ma carte.

Maurice: Ce n'est pas grave… Allez donc à la banque pour la récupérer!

Vous: Mais je ne comprends pas. J'ai inséré ma carte, tapé le code…

Maurice: Vous avez tapé le bon code?

Vous: Bien sûr… ou peut-être pas. Je me souviens maintenant, j'ai tapé mon ancien code.

Maurice: Vous savez, ce n'est pas la fin du monde, ça arrive à tout le monde…

Vous: Je sais, mais j'ai vraiment besoin de liquide pour emmener les enfants au cinéma ce soir.

Maurice: Voulez-vous que je vous prête un peu d'argent? De combien avez-vous besoin?

Vous: Pour les billets et le popcorn, j'ai besoin de 30 €.

Maurice: Et bien voilà, 10, 20 et 30 €…

Vous: Je vais vous faire un chèque… ah non, j'ai laissé mon chéquier à la maison.

Maurice: Ne vous inquiétez pas, revenez plus tard dans la semaine…

Vous: Merci beaucoup. Je passerai demain avec du liquide.

3 Ouvrir un compte

A 1 Vos comptes et la bourse en ligne. 2 Les prêts. 3 Notre offre de produits et services. 4 Commerçants / Artisans. 5 Professions agricoles. 6 Vos comptes et la bourse avec Progéliance Net.

C 1 **b**; 2 **c**; 3 **c**; 4 **b, g, e, d**; 5 **c, d**; 6 **e, d, a**.

D 1 il y a. 2 depuis. 3 il y a. 4 depuis. 5 Depuis. 6 depuis. 7 depuis. 8 il y a. 9 depuis. 10 il y a. 11 depuis. 12 depuis.

4 Mais ils sont timbrés!

A 1 Vrai. 2 Faux. 3 Vrai. 4 Faux. 5 Vrai. 6 Faux. 7 Vrai. 8 Vrai.

B 1 plus chère. 2 plus courtois. 3 plus froid. 4 la plus chère. 5 plus sucré. 6 aussi grand. 7 la moins

UNIT 3

polluée. 8 aussi facile. 9 aussi efficace. 10 le meilleur / la meilleure.

D 1 **b**, 2 **e**, 3 **g**, 4 **d**, 5 **f**, 6 **a**, 7 **c**.

E family (✓), toothbrush (✓), microwave (✓), teaspoons (✓), bed (✓).

La Francophonie

A 1 Carnivals. 2 Characters from legends and battles. 3 On the last Sunday of July near Ypres. 4 Ecaussines Lalaing on Whit Monday. 5 'Péket' (a kind of gin), Maitrank (white wine) and beer. 6 Puppet shows.

B 1 Vrai. 2 Faux. 3 Faux. 4 Vrai. 5 Faux. 6 Faux. 7 Faux. 8 Vrai. 9 Faux.

UNIT 4
1 Vous vous souvenez?
B
Chère Martine,
Bonjour des Alpes où nous passons nos vacances. Nous sommes ici **depuis** une semaine et le temps est splendide.
Il y a deux jours, nous avons fait une croisière sur le lac d'Annecy, c'était magnifique. Le premier jour, nous sommes allés en montagne et avons fait une grande randonnée: nous avons marché **pendant** six heures, j'ai mal aux jambes **depuis** ce jour! Demain, nous partons dans le Sud **pour** quelques jours. Nous avons trouvé un gîte dans le Var à quelques kilomètres de la mer. Je ne suis pas allée à Draguignan **depuis** des années. J'aime beaucoup cette ville. Voilà, je te laisse. Pierre et moi pensons bien à toi.
Grosses bises!
Josiane et Pierre

C 3, 1, 6, 5, 2, 4, 7 *or* 3, 1, 6, 2, 5, 4, 7.

2 Nous avons une villa sur la Côte d'Azur

A

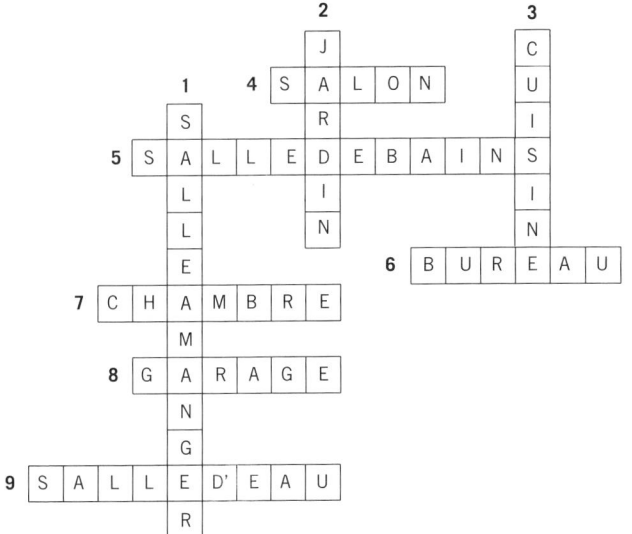

B 1 garage. 2 ascenseur. 3 grenier. 4 bibliothèque.

C 1 qui. 2 que. 3 qu'. 4 qui. 5 dont. 6 que. 7 qui. 8 qui. 9 dont. 10 qui.

D 1 **c**, 2 **b**, 3 **g**, 4 **a**, 5 **d**, 6 **f**, 7 **e**.

3 A l'agence immobilière

A 1 Advert 00258. 2 Advert 00298. 3 Advert 00231. 4 Advert 00312. 5 Advert 00241.

UNIT 4

12 SOLUTIONS

B a 2, **b** 4, **c** 7, **d** 6, **e** 5, **f** 1, **g** 8, **h** 3.

C 1 A small house, furnished, with 2 bedrooms. 2 75 €. 3 350 €. 4 They include the actual contract (*le bail*) and the inventory of fixtures. 5 Usually the equivalent of one or two months' rent. 6 They don't have to give any notice. Currently living with their parents and would like to move in as soon as possible.

D Ce que j'aime dans cette maison, c'est la luminosité. Les pièces sont très spacieuses aussi, **ce qui** est excellent pour recevoir des amis (**ce que** je fais souvent...).

Mais **ce que** j'aime moins, c'est le fait de ne pas avoir de jardin, **ce qui** n'est pas, en fait, si gênant car j'ai moins de travail à faire. L'autre problème, c'est mon mari: il critique tout **ce que** je fais et tout **ce que** je dis, **ce qui** est très irritant, surtout en face de mes amis. La salle à manger, par exemple, il n'aime pas la couleur: rose et jaune fluo. C'est tendance pourtant, non?

4 Je déménage, j'emménage ...

A 1 Vrai. 2 Faux. 3 Vrai. 4 Faux. 5 Faux.

B J'**ai contacté** EDF-GDF et le service des Eaux.
Ils **ont fermé** les lignes électriques... dans l'ancien logement.
Ils **ont ouvert** les lignes électriques... dans le nouveau logement.
J'**ai contacté** France Télécom.
J'**ai demandé** à la Poste la réexpédition automatique de mon courrier.
J'**ai établi** l'état des lieux de mon ancien logement et du nouveau.

C
1 J'utilise **une tondeuse à gazon** pour couper l'herbe dans le jardin.
2 J'utilise **un radiateur** pour chauffer une pièce.
3 J'utilise **une ampoule électrique** pour éclairer une pièce.
4 J'utilise **une étagère** pour poser mes livres.

5 J'utilise **un évier** pour faire la vaisselle.
6 J'utilise **une perceuse** pour faire des trous dans le mur.
7 J'utilise **un plancher** pour couvrir le sol d'une pièce.
8 J'utilise **un interrupteur** pour allumer ou éteindre la lumière.
9 J'utilise **un lavabo** dans la salle de bains pour me laver les mains.

D

Une tondeuse à gazon: LE JARDIN.
Un radiateur: LE CHAUFFAGE, LE TRAITEMENT DE L'AIR.
Une ampoule électrique: L'ECLAIRAGE or L'ELECTRICITE.
Une étagère: LA MENUISERIE or LA DECORATION or LE RANGEMENT.
Un évier: LA CUISINE.
Une perceuse: L'OUTILLAGE, LE MATERIEL D'ATELIER.
Un plancher: LE REVETEMENT DE SOL.
Un interrupteur: L'ELECTRICITE.
Un lavabo: LA SALLE DE BAINS.

E

Possible answers:

Etienne: J'espère que tu aimes faire du bricolage car il y a beaucoup de travail ici!

You: **Etienne, tu as vu l'état des prises et des interrupteurs? D'abord, tu dois contacter EDF et demander à quelqu'un de venir vérifier l'installation.**

Etienne: Oui, tu as raison et regarde, il n'y a pas d'eau!

You: **Tu as vérifié le robinet d'arrêt sous l'évier?**

Etienne: Attends, je regarde… Voilà, ça marche!

You: **Tout semble si vieux, je parie que le réfrigérateur et la cuisinière ne marchent même pas.**

Etienne: Mais si, voyons, la maison est restée inoccupée pendant plusieurs mois. Voilà pourquoi il y a beaucoup de poussière…

You: **Après avoir nettoyé la cuisine, je vais changer le papier peint dans le salon parce qu'il est ignoble.**

Etienne: Si tu veux, mais on doit

UNIT 4

d'abord demander l'autorisation au propriétaire.

You: Est-ce que tu as contacté France Télécom pour rebrancher le téléphone?

Etienne: Oh mince, j'ai complètement oublié! Tu as ton portable, non?

You: Je vais chez Leroy Merlin pour acheter des ampoules électriques pour les chambres. Je dois aussi acheter des étagères pour mes livres. Tu as besoin de quelque chose?

Etienne: Non, non, ça va. Je vais commencer à nettoyer un peu la cuisine.

La Francophonie

A 1 Maple syrup, blueberry wine and bilberry tart. 2 Five, plus two fish: wild bears, caribous, salmon, beavers (muskrats), whales, husky dogs, lobster. 3 The first French people who moved to Canada. 4 Lobster.

B 1 C'est dispendieux. 2 J'ai un mal de bloc. 3 Je vais chez le dépanneur. 4 Mon chum s'appelle Julien / Ma blonde s'appelle Julie. 5 Je voudrais un beuvrage. 6 Je suis chaud(e). 7 J'ai mon voyage.

UNIT 5
1 Vous vous souvenez?
B
Possible answers:
1 Le vieil homme qui attend sa femme porte un chapeau.
Le parapluie que l'homme tient est ouvert.
L'homme dont le pantalon est troué attend sa femme.
2 La femme qui tient un enfant par la main est très élégante.
La femme dont l'enfant pleure porte des lunettes de soleil.
L'enfant que la femme tient par la main pleure.

2 'Bienvenue… Vous avez des emails…'
B 1 Lire 2 Sécurité *or* Contrôle parental. 3 Ecrire. 4 Divertissement.

5 Déconnexion. 6 SMS.
7 Divertissement. 8 Aide.

C
télécharger ✓, fichier ✓, sauvegarder ✓, mon dossier ✓, haut débit ✓, visionner ✓.

D 1 **d**, 2 **e**, 3 **g**, 4 **i**, 5 **a**, 6 **j**, 7 **b**, 8 **h**, 9 **c** *and* **f**.

E 1 A file that Thomas sent him. 2 It is a presentation for the launch of a new product. 3 She finds it boring. 4 He hasn't read his emails yet, and also she only needs the phone to gossip with her friends. 5 It's too expensive and you also have to buy a modem. 6 Because there is an email from her friend Sophie. 7 She tried to phone but the line is always engaged. Corinne is pregnant again.

F 1 Je **le** prends tous les jours. 2 Il **l'**a aidé à porter ses bagages. 3 Je **les** révise avant de me coucher. 4 Est-ce que tu **l'**as vu au bureau ce matin? 5 Elle n'a pas eu le temps de **le** manger. 6 Il ne faut surtout pas **le** manquer! 7 Envoyez-**la** par fax! 8 Ne **les** ouvre pas maintenant! 9 Les enfants **l'**adorent, mais elle ne **les** aime pas. 10 Vous pouvez **les** laisser à la réception.

G *Suggested answers:*
A: Qu'est-ce que tu fais?
B: Je suis sur internet.
A: Je le vois bien, mais qu'est-ce que tu es en train de faire?
B: Je suis en train de lire mes emails.
A: Et tu ne peux pas le faire sans être connecté(e)?
B: Bien sûr que non! Je suis en train de télécharger un document très important pour le travail.
A: Tu ne peux pas le faire plus tard? – car je dois téléphoner à Juliette.
B: Non, parce que ce dossier/fichier est urgent et de toute façon il y a un email de Juliette.
A: Est-ce que je peux le lire maintenant?
B: Tu peux le lire dès que j'ai fini mon travail.
A: D'accord, je vais attendre ici.

UNIT 5

3 Ça sonne encore occupé!

A *Publicité 1 =* **b**; *Publicité 2 =* **a**.

B 1 Téléphonez sans limite de temps, **partout** en France métropolitaine, avec trois **numéros** illimités! Choisissez vos trois numéros, et appelez-les aussi souvent et aussi **longtemps** que vous le voulez, tous les week-ends et les jours **fériés**, pour seulement 5 euros par mois. Vous pouvez modifier vos trois numéros illimités 3 fois par an **gratuitement**.

2 Grâce à la Messagerie Vocale et **sans** équipement supplémentaire votre téléphone bénéficie de toutes les fonctions d'un **répondeur** et même plus!
La messagerie vocale prend vos **appels** lorsque vous êtes absent ou déjà en ligne, et ce jusqu'à 5 appels simultanés!
La messagerie vocale enregistre également les numéros des **appelants** qui n'ont pas laissé de **message**.

C

	Caller	*Wants to talk to*	*Problem encountered*	*Message*
Conversation 1	Bernard Vaillant	Mr Lefebvre	Line engaged	None
Conversation 2	Françoise Durand	Philippe Meurceau	No reply from the extension	To call back as soon as possible
Conversation 3	Catherine	Laurent	Wrong number	None
Conversation 4	Chantal	Patricia's parents	Gone out	She'll pop in tomorrow to drop off the keys

D 1 **f**, 2 **b**, 3 **j**, 4 **h**, 5 **a**, 6 **i**, 7 **d**, 8 **g**, 9 **k**, 10 **e**, 11 **c**.

E

Pierre: J'ai appelé Luc hier soir.

Thomas: Et tu **lui** as parlé?

Pierre: Non, c'est Hélène qui a répondu. Je **lui** ai laissé un message.

Thomas: Et il **t'**a rappelé?

Pierre: Non, je crois qu'il est en colère parce que j'avais promis de **lui** rendre son CD la semaine dernière…

Thomas: Et alors, tu ne **le lui** a pas rendu?

Pierre: Ben non, je **l'**ai perdu! Je **l'**ai passé à Rachid pour **le** copier, il **me l'**a rendu le lendemain avec la copie. J'ai pris les deux CD, je **les** ai mis dans mon sac et je suis allé chez Nadia pour **lui** donner la copie.

Thomas: Tu as sans doute laissé l'original chez elle…

Pierre: Non, je **lui** ai demandé mais elle ne **l'**a pas trouvé.

Thomas: Au fait, mes trois CD, tu **les** as toujours j'espère?

Pierre: Quelle question! Bien sûr! Tu ne **me** fais pas confiance? Enfin c'est Luc et Hélène qui **les** ont. Je vais **leur** téléphoner!

F 1 **a**, 2 **b**, 3 **a**, 4 **a**, 5 **a**.

4 Veuillez agréer…

A *Letter 1:*
1 A travel bag. 2 On 19th March between 2pm and 5pm. 3 To be compensated for the bag and its contents. 4 The list of stolen items (bag contents).

Letter 2:
1 He was fined by a police officer. 2 He'd like the fine to be cancelled. 3 There was no no parking sign.

B 1 **e**, 2 **b**, 3 **g**, 4 **c**, 5 **f**, 6 **d**, 7 **a**.

C *Example of letter:*
Madame,
Je vous écris suite à notre conversation téléphonique d'hier concernant le vol de ma valise pendant mon séjour dans votre établissement.

UNIT 5

J'ai séjourné dans votre hôtel il y a deux semaines du… au… où j'occupais la chambre 102 avec mon époux/épouse.
Le vol a eu lieu le mercredi matin. Nous avons laissé la valise dans la penderie et sommes allés nous promener vers 9h00. Quand nous sommes revenus, la valise avait disparu.
Je vous rappelle que, selon l'article 1952 du Code Civil, votre responsabilité d'hôtelier est totalement engagée. Je vous mets donc en demeure de m'indemniser pour cette valise et son contenu, dont vous trouverez le détail ci-joint.
Dans l'attente de vous lire prochainement,
Veuillez agréer, Madame, l'expression de mes sentiments distingués.

La Francophonie

A 1 The 'western face' of the city. 2 Luxury department stores, splendid hotels, the skyscrapers of international companies … 3 Palaces, gardens, souks, spices, snake charmers… 4 Although some parts are very modern, others don't seem to have changed since the Middle Ages.

B *Possible answers:*
1 J'ai répondu à toutes leurs questions, même si certaines m'ont paru indiscrètes. 2 J'ai accepté plusieurs verres de thé. 3 J'ai laissé un petit cadeau. 4 Je leur ai envoyé des copies.

C
Ne touche pas les aliments avec la main gauche.
Ne porte pas de tenue provocante.
Ne parle pas de politique, de religion ou du roi.
Ne demande pas à un Marocain des nouvelles de sa femme.
Ne prends pas pour des gays tous les jeunes hommes qui se promènent main dans la main.
N'oublie pas de manger avec la main droite.
Lave-toi les mains et la bouche après le repas.

UNIT 6
1 Vous vous souvenez?

B 1
Secrétaire: Société Lemaire, bonjour!
Vous: Bonjour, je voudrais parler à Mme Gilbert, s'il vous plaît.
Secrétaire: Oui, ne quittez pas, je vous **la** passe… Allô, je suis désolée, la ligne est occupée. Voulez-vous **lui** laisser un message?
Vous: Non, je **la** rappelerai plus tard. Au revoir!

2
Pierre: Tu as reçu mon email?
Romain: Non, je ne **l'**ai pas reçu. Quand est-ce que tu **me l'**as envoyé?
Pierre: Hier soir… Attends, je vais essayer de **te le** renvoyer…

3
Véronique: Dis, tu as donné le dossier à Didier et Chantal pour leur réunion demain?
Nadia: Non, je vais le **leur** donner ce soir, je **les** vois à 20h00.
Véronique: Si tu vois Bertrand, dis-**lui** de **m'**envoyer le contrat par fax, je voudrais **le** lire.

2 Ce n'est pas le mien, c'est le tien!

A 1 Queen of hearts ✓, king of hearts ✓, queen of clubs ✓, eight of clubs ✓.
2 Jumper ✓, tent ✓, trainers ✓.

B
une assiette: la leur, la sienne.
un bureau: le tien, le nôtre, le sien.
des livres: les leurs, les miens, les vôtres.
un verre: le tien, le nôtre, le sien.
une gomme: la leur, la sienne.
des enfants: les leurs, les miens, les vôtres.
des cigarettes: les leurs, les vôtres.
un dictionnaire: le tien, le nôtre, le sien.

C 1 **c**, 2 **a**, 3 **b**, 4 **c**.

D
Les enfants: les leurs, les siens, les nôtres, les miens.
Le chien: le leur, le sien, le nôtre, le mien.

La maison: la leur, la sienne, la nôtre, la mienne.
Le vélo: le leur, le sien, le nôtre, le mien.
Les jumelles: les leurs, les siennes, les nôtres, les miennes.

3 Mon rêve, c'était d'aller sur la lune…

A 1 Because she has a craving for chocolate. 2 She was sick and couldn't stand the smell of coffee in the morning. 3 She would eat anything, mixing sweet and savoury. 4 Her husband got on her nerves sometimes. Although he didn't do anything wrong, she was very aggressive towards him. 5 She always felt too tired. 6 She spent both nights out clubbing, dancing.

B 1 **e**, 2 **a**, 3 **c**, 4 **g**, 5 **d**, 6 **h**, 7 **b**, 8 **f**.

C 1 Je fumais… 2 Nous nous entraînions… 3 Elle prenait… 4 Ils ne faisaient jamais… 5 Tu étais… 6 nous étudions… 7 Il allait… 8 Vous aviez… 9 il faisait… 10 Sophie et Aurore ne mangeaient que…

D
J'ai rêvé que j'avais des ailes et que je volais.
J'ai rêvé que je marchais sur l'eau.
J'ai rêvé que vous étiez un poisson / que tu étais un poisson.
J'ai rêvé que nous étions en vacances sur la lune.
J'ai rêvé que nous parlions (le) français couramment.
Il a rêvé qu'il perdait ses dents.

F Le monde est un grand loft
Dans le magazine *Télémoustique* de cette **semaine**, le sémillant *Jean-Luc Fonck* (du groupe belge *Sttellla*) **proposait** une petite chronique intitulée *Nous sommes tous des pensionnaires du « Loft Sorry »! Désolé.*

L'idée n'est pas neuve: le monde n'est qu'un gigantesque laboratoire destiné à divertir nos amis les Extra-terrestres.

[...] J'ai fait un rêve horrible: j'ai rêvé que nous faisions tous partie d'un gigantesque « Loft Story »! La **planète** Terre toute entière était le loft et des Extra-terrestres nous **regardaient** depuis leur salon sur des **écrans** de télévision. A la différence de « Loft Story », nous n'étions ni candidats, ni volontaires pour participer au jeu. Nous en faisions partie de générations en générations, de père en fils et de **mère** en fille.

Je n'ai jamais cru aux enlèvements d'êtres humains par les Extra-terrestres. J'**avais** raison: il ne s'agit pas d'enlèvements mais d'éliminations du jeu lors du prime du samedi soir: « ... pour éliminer Mme Durand de Marseille, tapez 1. Pour faire disparaître M. De Smet de Nivelles, tapez 2 » etc.

Nous étions malgré nous, les naïfs candidats d'un jeu **immense**, galactique! Des caméras cachées nous **surveillaient** 24h sur 24. Ces caméras étaient dissimulées dans les ailes de **mouches** qui bourdonnent très fort – en fait, si elles bourdonnent si fort, c'est pour couvrir le bourdonnement de la caméra ... écoutez bien! Nous n'avions jamais eu d'intimité ... nous n'en aurions jamais! Nous étions épiés de la tête aux **pieds** ... jusqu'à la mort! Il ne fallait pas être éliminé trop vite pour avoir encore un peu de temps pour vivre ... jusqu'aux prochaines nominations.

« Ils » avaient même poussé le vice jusqu'à nous laisser organiser nos propres émissions de télé-réalité! Les monstres! C'est ainsi que les extraterrestres regardaient à la télé les évolutions des Terriens qui, sur Terre, étaient pris pour des Martiens. [...]
C'est à cet instant précis que je me suis **réveillé** en sursaut! J'étais en nage! Ouf! Ce n'était qu'un vilain rêve!

4 C'était le bon temps!

A 1 He was friendly, polite and nice.
2 He used to do the hems on

trousers and curtains. 3 Young people don't do anything nowadays; they stay with their parents until the age of 30. 4 Doctors don't take time to talk to you any more. There are too many specialists and less contact between doctors and patients. 5 Discipline was important. Pupils had to wear uniforms; girls weren't allowed to wear make-up and there was a lot of civics.

B *Suggested answers:*
Valérie: Alors, l'entrée vous a plu?
You: C'était délicieux. Ces petits champignons étaient vraiment bons.
Valérie: Mais ce n'étaient pas des champignons, c'étaient des escargots!
You: Mais je suis végétarien(ne). Je pensais que tu le savais.
Valérie: Mais, non, je ne savais pas! Mais tu mangeais de la viande avant, non?
You: Je mangeais de la viande quand j'étais petit(e) parce que ma mère insistait mais je n'aimais pas l'odeur et le goût.
Valérie: Mais tu ne manges pas de poisson non plus?
You: Oh oui, j'adore le poisson en fait. Je me souviens quand j'allais à la pêche avec mes amis quand j'étais plus jeune. Je me levais à 5h00, je me préparais et allais à la rivière à pied. Je passais toute la journée au bord de la rivière. Nous bavardions, riions, chantions, mais nous n'attrapions jamais rien.
Valérie: Moi, mes parents ne me laissaient pas sortir.
You: Mes parents étaient très stricts aussi. Par exemple, quand j'allais à la pêche, je devais rentrer à la maison à 17h00 et je ne pouvais pas sortir le soir. Les week-ends, je travaillais avec mes parents, ils avaient un petit restaurant.
Valérie: Et oui, aujourd'hui les jeunes font tout ce qu'ils veulent! Bon, j'apporte le plat principal. J'ai fait du poulet... mais j'ai une boîte de sardines dans le placard si tu veux!

C 1 Vrai. 2 Faux. 3 Faux. 4 Vrai. 5 Vrai. 6 Faux. 7 Vrai.

D 1 Le Gaulois portait… Les monnaies gauloises représentaient… Les coiffures étaient…
2 La Gaule était… C'était… …que recélait son sous-sol. On y créait…
3 Les Gaulois excellaient… …même s'ils étaient installés… Les bouilleurs de sel gaulois avaient… Ils exportaient…
4 Les Gaulois avaient… Les chiens étaient nombreux mais ils étaient élevés…
5 Les Gaulois allaient à la chasse et mangeaient du sanglier. La chasse restait… Le sanglier était… La consommation de viande provenait…
6 Les Gaulois croyaient… on laissait…
7 Les Gaulois vivaient… Les villages étaient construits… Certains éléments d'architecture pouvaient…

La Francophonie

A *Possible answers:*
- Je répondais à toutes les questions.
- Je prolongeais la pause thé même si je n'avais plus soif.
- Quand j'étais invité(e) dans une famille, je laissais un petit cadeau.
- Si je photographiais mes amis, je leur envoyais les clichés.
- Pour conjurer le mauvais sort, j'ouvrais largement la main…
- Je ne refusais jamais le couscous qu'on m'offrait.
- Je parlais football avec les jeunes qui connaissaient tous les joueurs…
- Pour appeler le garçon de café, je disais « Chef! »
- Je ne passais jamais devant quelqu'un en prière.
- Je ne pénétrais jamais dans un lieu saint.
- Je ne portais jamais un bouquet de jasmin sur l'oreille.

B 1 The hotel staff or a pharmacist. 2 A towel, swimming costume, soap, comb, a cup and some plastic sandals. 3 Members of the government during religious ceremonies. 4 It is a tobacco-like plant, boiled and steeped in honey and lemon. 5 Women are protected by civil laws (personal status code and family code). They can be found in public organisations, such as the police or judiciary, and can instigate a divorce. Polygamy is forbidden, abortion is allowed and more than 60% of Tunisian women use contraception.

UNIT 7
1 Vous vous souvenez?
A 1 le mien. 2 les tiennes. 3 la nôtre. 4 la sienne. 5 les leurs.

B *Suggested answers:*
1 Les voisins regardaient un match de football. Ils étaient surexcités et la télé allait très fort. 2 Un couple se disputait et la femme jetait un vase sur le sol. 3 Des jeunes faisaient la fête. Ils dansaient et buvaient. 4 Il y avait un jeune couple avec un bébé qui pleurait. 5 Dans la salle de bains, le robinet gouttait. 6 Devant l'hôtel, il y avait un accident. Les chauffeurs se disputaient, il y avait un embouteillage et les voitures klaxonnaient.

2 Attention aux chutes!
B 1 **d**, 2 **b**, 3 **g**, 4 **e**, 5 **f**, 6 **a**, 7 **h**, 8 **c**.

C 1 Brigitte faisait le jardin quand elle **s'est blessée**. 2 Les enfants sont allés jouer au football et ils **se sont foulé** la cheville. 3 Jamel et Sophie faisaient du ski. Sophie est tombée et **s'est cassé** la jambe. 4 Elle n'a pas vu la poutre au plafond, elle **s'est cogné** la tête, je crois qu'elle **s'est fait** mal. 5 La petite Emma est tombée de son vélo, elle **s'est égratigné** les bras et les jambes.

D 1 Sliding in the bath, skidding on the stairs, burns. Falls. 2 Elderly people. 3 Lounge, kitchen, bedroom, stairs, bathroom, corridor, entrance hall. 4 To adapt their home. In order to have a safer life, now and in the future.

E 1 Faux. 2 Vrai. 3 Faux. 4 Vrai.
5 Vrai. 6 Vrai. 7 Faux.

F *Suggested answers:*
Vous: Bonjour Jean-Luc. Comment ça va?
Jean-Luc: Très bien merci, et toi? Tu as l'air en forme! Comment vont les enfants?
Vous: Malheureusement mon fils est allé faire du ski et il s'est cassé la jambe, et ma fille a la varicelle.
Jean-Luc: Ce sont des choses qui arrivent… Comment va ton mari/ta femme?
Vous: Il/Elle est à l'hôpital, il/elle s'est blessé(e) dans la baignoire, il/elle a glissé, est tombé(e), il/elle s'est cogné la tête et s'est foulé le poignet. Mais ce n'est pas trop grave…
Jean-Luc: Ecoute, touche du bois! Allez, je dois filer, embrasse tout le monde pour moi… Fais attention, il y a une marche! Oh! Trop tard! Tu t'es fait mal?
Vous: Non, je me suis juste égratigné les genoux, ce n'est rien…

3 Chez le véto!

B 1 Dans un panier sur le sol, attaché sur le siège arrière ou dans le coffre de la voiture (séparé de l'habitacle par une grille ou un filet). 2 Les chiens ne transpirent pas et ils ont des difficultés à se refroidir. 3 Le chien doit boire et marcher un peu. 4 Les puces, les tiques et les moustiques. 5 Le nez et les oreilles (les parties peu poilues du corps). 6 Le sable et le sel. 7 Il peut souffrir de diarrhées.

C 1 **a**, 2 **b**, 3 **a**, 4 **a**, 5 **b**, 6 **a**, 7 **a**.

D
Christine: Salut Sylvie! Qu'est-ce qui se passe, tu en fais une tête!
Sylvie: C'est Bouchon, je viens de chez le vétérinaire. Il **a mangé** une boîte entière de chocolats. Nous **sommes allés** à la plage ce matin. Nous l'**avons laissé** à la maison parce qu'il **faisait** trop chaud. Quand nous **sommes rentrés**, il **était** là, allongé sur le sol, il ne **bougeait** plus. J'**ai essayé** de lui donner des

UNIT 7

croquettes mais il **ne voulait rien/n'a rien voulu** manger. Je l'**ai emmené** chez le vétérinaire…

Christine: Et qu'est-ce que le véto **a dit**?

Sylvie: Il **a dit** que ce **n'était pas** trop grave. Il **l'a gardé** en observation.

E *Image 1:*
Une girafe mangeait des feuilles.
Deux antilopes jouaient.
Un éléphant et une grenouille se baignaient dans l'étang.
Deux singes mangeaient des cacahuètes.
Deux hommes prenaient des photos des animaux.
Un perroquet dormait sur une branche.
Un lion regardait les animaux.

Image 2:
La girafe a attrapé la queue du lion.
Les deux antilopes se sont enfuies.
L'éléphant a pris la grenouille sur son dos.
Les deux singes se sont cachés derrière les photographes.
Les photographes ont lancé leurs appareils au lion.
Le perroquet s'est envolé.

4 Demain, je fais régime!

A 1 They always feel tired and stressed. 2 Physical activity is important at all stages of life. A sedentary life can lead to high blood pressure or diabetes. Walking and riding a bike are examples of physical activities (without having to go to a gym or a swimming pool). Physical activities have a positive effect on a person's mood and well-being. 3 Smoking increases the risk not only of cancer (lung, mouth and colon) but also heart disease. 4 Eat everything but in reasonable quantities.

C 1 When driving. 2 Limit the duration of calls and limit successive calls. 3 Avoid moving about once communication is established and when reception is poor. 4 Don't keep your mobile near you when you sleep. 5 Because there is no contact with your head.

La Francophonie

A 1 A mixture of types: Vietnamese, Thai, Chinese and French. 2 Soups, rice and vegetables. Sometimes meat but mainly fish and chicken. 3 Grilled or fried fish, pork soup, fish soup, beef salad, rice noodles with coconut sauce, beef marinated with lemon. 4 Terrapins, crickets and grilled spiders. 5 Mangoes taste like nowhere else.

B *Suggested answers:*
1 Non, car l'eau du robinet n'est pas potable. 2 Oui, principalement dans les restaurants chics. 3 Oui, la bière. 4 On peut acheter du vin de palme sur les marchés. 5 Le café est en général assez fort mais pas très bon. Le thé est meilleur.

UNIT 8
2 Loisirs
A d ✓, e ✓, g ✓.

B

V	Z	M	I	O	V	B	G	U	E	N	A	C
A	C	L	K	M	A	R	C	H	E	L	U	T
X	A	E	L	S	K	I	H	B	S	A	V	H
U	G	C	O	S	U	C	O	U	T	U	R	E
L	P	T	Y	C	I	O	T	R	Q	V	O	A
Q	W	U	T	I	P	L	O	N	G	E	E	T
J	A	R	D	I	N	A	G	E	U	L	M	R
E	R	E	H	O	S	G	E	N	I	O	T	E
N	T	S	C	E	P	E	C	H	E	A	U	X

D

Number or percentage of French people (%)	Activities or assets
50%	Go to the cinema.
43%	**Use the internet.**
40%	**Watch DVDs.**
35%	**Use a computer to download music or scan photos.**
8 out of 10	Have a telephone, **a television set**, car radio, hi-fi, **video player** and a mobile phone.
1 in 2	Have a **computer**, a printer, **a DVD player** and **the internet.**
1 in 4	Have a **game console**, a scanner, a camcorder, **cable/satellite television** and **a digital camera.**

E

Maman: Aurélie! Tu as fini tes devoirs? Le repas est prêt!

Aurélie: Oui Maman, ça **y** est, j'ai fini.

Maman: Viens ma chérie, j'ai fait des pâtes à la sauce tomate.

Aurélie: Oh non, je n'**en** veux pas, je voulais des frites.

Maman: Mais tu **en** as mangé hier. Ecoute, si tu manges tes pâtes, on ira au parc demain.

Aurélie: Je ne veux pas **y** aller… Je préfère aller jouer chez Julie.

Maman: D'accord! Mange tes pâtes maintenant!

Marc: Pierre, vous êtes d'où?

Pierre: Je suis de Rouen, mais je n'**y** habite plus. J'habite à Paris maintenant. J'**y** vis depuis 10 ans.

Marc: Vous vous êtes habitué à la vie parisienne, j'imagine…

Pierre: Oui, je m'**y** suis habitué. C'était difficile au début mais…

Marc: Et vous avez des amis à Paris?

Pierre: Oui, j'**en** ai quelques-uns mais j'**en** ai plus en Normandie. C'est normal, j'**y** ai passé toute mon enfance.

G 1 Ça veut dire… 2 On n'a pas d'argent à gaspiller. 3 Si tu t'ennuies, tu peux finir de tapisser la chambre des enfants. 4 Est-ce que ton article parle aussi de notre jardin? 5 Quand vas-tu tailler la haie?

3 Qu'est-ce qu'on fait pour les vacances?

B 1 To the seaside, on Ibiza. 2 To the Auvergne region. 3 It is a beautiful region with lots of things to see and to do (the countryside/country walks, volcanoes, picturesque villages, castles, sports such as water skiing, cycling, and hang-gliding, thermal spas). 4 In a small caravan. 5 He booked the holidays for July and Muriel is on holiday in August. 6 She's off to the travel agency to book a flight to Ibiza and a nice hotel by the sea.

C 1 ✓, 3 ✓, 4 ✓, 7 ✓, 8 ✓, 10 ✓, 12 ✓.

D

1, 2, 6, 8, 10 and 11: je ferai, nous ferons, vous ferez.

3: je verrai, nous verrons, vous verrez.

4: je prendrai, nous prendrons, vous prendrez.

5: je jouerai, nous jouerons, vous jouerez.

7: je visiterai, nous visiterons, vous visiterez.

9: je me reposerai, nous nous reposerons, vous vous reposerez.

12: j'irai, nous irons, vous irez.

4 J'ai l'intention de ne rien faire du tout!

A 1 Vrai. 2 Faux. 3 Faux. 4 Vrai.

B *Suggested answers:*
1 **Corinne:** Bonjour madame/monsieur, qu'est-ce que vous avez l'intention de faire pour les vacances?
Vous: Je vais rester à la maison chez moi cette année car j'ai l'intention de redécorer ma maison.
Corinne: Mais vous n'allez pas partir du tout?
Vous: Non, car je voudrais acheter un jardin d'hiver et ça coûte cher. Mais l'année prochaine, j'espère aller aux Etats-Unis avec mon mari/ma femme.

2 **Corinne:** Madame/Monsieur s'il vous plaît, où allez-vous en vacances cette année?
Vous: Je ne suis pas sûr(e)... Je pense aller au Mexique. J'aimerais y emmener ma femme/mon mari pour notre anniversaire de mariage.
Corinne: Quel beau cadeau! Et vous parlez espagnol?
Vous: Je me débrouille mais je compte m'inscrire à un cours du soir la semaine prochaine.

E orages ✓, ondées ✓, coups de tonnerre ✓, grêle ✓, rafales ✓, fraîcheur ✓.

F 1 Thunderstorms. 2 Hail storms and strong gusty wind. 3 More sun but cool. 4 No, sunny and very warm. 5 34 degrees.

La Francophonie

A 1 French. 2 It sounds like a 'singing' dialect. Some words are swallowed, the liaisons are strongly pronounced, grammar is simplified and there are no spelling rules.
3 Creole should be taught in primary schools.

B *Suggested answers:*
Je m'informerai sur la météo...
Je prévoirai un pull...
Je penserai bien à réserver mon hébergement... *or* Je réserverai mon hébergement...

Je me procurerai les cartes…
Je partirai tôt le matin…
Je ne laisserai pas ma voiture…
Je ne partirai jamais seul(e)!

UNIT 9
1 Vous vous souvenez?
A 1 **c**, 2 **a**, 3 **e**, 4 **b**, 5 **d**.

B 1 Je prendrai/Nous prendrons le cocktail de bienvenue. 2 Je mangerai/Nous mangerons un repas catalan. 3 Je visiterai/Nous visiterons Collioure. Je partirai/Nous partirons de l'hôtel… 4 Je ferai/Nous ferons une promenade en mer. 5 Je rentrerai/Nous rentrerons à l'hôtel. 6 Je goûterai/Nous goûterons des vins. 7 Je dînerai/Nous dînerons et je verrai/nous verrons un spectacle.

C 1 **b**, 2 **e**, 3 **d**, 4 **f**, 5 **a**, 6 **c**.

2 Qu'est-ce qu'on va acheter comme cadeau?
A 1 électroménager. 2 antiquaires, brocante et galeries d'art. 3 art de la table. 4 négociants en vin. 5 boutiques de décoration. 6 linge de maison. 7 antiquaires, brocante.

B a, d, e.

C 1 Faux. 2 Vrai. 3 Faux. 4 Faux. 5 Vrai. 6 Faux. 7 Vrai. 8 Vrai.

E Jamel et Florence sont invités au **mariage** de leurs amis. Comme ils sont seulement invités au **vin d'honneur**, ils ne veulent pas **dépenser** plus de 40 € pour un **cadeau**. Jamel surfe sur le net afin de trouver quelques idées sympas et **originales**. Dans la rubrique « décorations », il voit un vide-poche en **cuir**, qui existe en rouge, **marron** ou fuchsia et qui **coûte** 40 €.

Florence, elle, aperçoit deux bougeoirs en tissu gris et **argent**. Elle les trouve très originaux, mais Jamel remarque un vase en verre et en **inox** qui fait seulement 14 €. Jamel va le **commander** en ligne car le délai de livraison n'est que de 48 heures. Ils décident aussi d'acheter un bouquet de fleurs par internet, c'est tellement plus pratique et en plus, les fleurs seront **livrées** directement chez la mariée.

3 A la mode de chez nous

B Les chemises, des tee-shirts, des polos, les pantalons, des jeans, les blousons, vestes et gants.

C 1 les dépenses. 2 ont baissé. 3 une hausse. 4 confiante. 5 les grandes griffes/les vêtements de créateurs. 6 le haut de gamme. 7 le sur-mesure.

D Cette saison a été marquée par deux **temps forts**: l'arrivée triomphante de la collection John Galliano et le dernier **défilé** homme de Tom Ford pour Yves Saint Laurent.

Trente-cinq shows et une vingtaine de présentations sur rendez-vous étaient au menu de ces collections où les hommes ont affirmé leurs différences.

Le slogan pour la prochaine saison **automne-hiver** sera Tailored (mot anglais qui veut dire 'fait dans l'esprit tailleur') car le **costume** est redevenu une pièce essentielle de la **garde-robe** aux dépens du sportswear.

Les créateurs ont choisi de moderniser les classiques en revenant à un vestiaire plus basique mais en inventant de nouvelles attitudes pour le **porter**. Ainsi l'homme affirmera une virilité appuyée par le retour de l'esprit tailleur et le port du costume. Ce retour de l'élégance cadre sans doute avec une envie d'**accroître** la clientèle.

Cette saison sera marquée par le retour des basiques, comme les duffle-coats et les **manteaux**, de préférence à martingale. Les **vestes** de toutes longueurs sont plus ou moins boutonnées selon le style, dandy, strict, décontracté, romantique. Les **blousons** continuent leur vie tandis que les gros pulls et autres lainages traduisent une envie très forte de confort, comme chez l'Américain Rick Owens. Les effets de **matières** ou de couleurs permettent de rompre l'uniformité et d'oser les mélanges discrets de **tissus** masculins, jouer les contrastes mat-brillant, drap de laine-cuir, tons vifs et froids.

E 1 des gants *bleus* 2 une chemise *blanche* 3 des yeux *marron* 4 des cheveux *châtain clair* 5 des tulipes *rouges* 6 une jupe *gris foncé* 7 une rose *rouge sang* 8 des vestes *noires* 9 des costumes *bleu marine* 10 une cravate *noire et blanche*

4 Il y a un hic!

A 1 **j**, 2 **i**, 3 **h**, 4 **e**, 5 **f**, 6 **b**, 7 **g**, 8 **d**, 9 **c**, 10 **a**.

B

Name	Reference	Item(s)	Problem(s)	Outcome
Mme Legrand	**0528QM4**	Shirt	**She ordered a size XL but received a size M.**	She must send it back in its original packaging. – They'll send the right item.
M. Gaudefroy	unknown	**Bottles of wine**	6 missing	**They've been dispatched separately. He should receive the white wine shortly.**
M. Delforge	01684 12 FR	DVD player	**Not received anything although the money has been debited.**	**They're sending it immediately.**

UNIT 9

C 1 **e**, 2 **c**, 3 **b**, 4 **i**, 5 **d**, 6 **f**, 7 **a**, 8 **g**, 9 **j**, 10 **h**.

D 1 a shelf. 2 It doesn't match the decoration of the lounge as the colour in the catalogue seemed lighter. 3 They're returning it. 4 To send their money back.

E
MaisonDéco: MaisonDéco, bonjour!
Vous: Bonjour, je vous appelle au sujet de ma commande QJ568.
MaisonDéco: D'accord… En quoi puis-je vous aider?
Vous: J'ai bien reçu le bureau ce matin mais ce n'est pas ce que j'attendais. Le bureau se marie mal avec mon salon parce que la couleur semblait plus foncée sur votre catalogue. Est-ce que je peux vous le retourner?
MaisonDéco: Aucun problème, madame/monsieur, renvoyez-nous le bureau dans son emballage d'origine. Vous désirez commander un modèle différent?
Vous: Non, ça va. Est-ce que je peux être remboursé(e)?
MaisonDéco: Bien sûr madame/monsieur, 146,50 €.
Vous: Merci beaucoup, au revoir.

La Francophonie

A
- Les Amérindiens ont besoin au quotidien d'objets de vannerie : **paniers**, tamis, éventails ou encore couleuvres à manioc (long tube confectionné à partir de la tige d'une plante, l'arouman, et utilisé pour **filtrer** le jus toxique du manioc). Ils font également des **arcs** et des flèches, des colliers de **perles**, des tissages, etc.
- Les femmes hmongs **brodent** toujours des costumes traditionnels.
- Là où il y a orpaillage, il y a bijoux en **or**, bien sûr… Ou bien on pourra simplement s'offrir une pépite.
- Les Bushinengés maîtrisent le travail artistique du bois: **pirogues** et pagaies peintes, **gravées** ou incrustées de clous; bancs sculptés et gravés; tambours;

peignes. Chaque **motif**, abstrait, a une signification symbolique: les entrelacs, récurrents, représentent, par exemple, la symbiose entre les éléments de la nature, entre l'homme et la **femme**… Les femmes tissent et brodent également.

B 1 cosmopolitan and spicy. 2 red, small but strong. 3 French, Creole or Asian cuisine. 4 They are imported. 5 Mixed with fruit juice, sugar syrup, nutmeg or cinnamon as it's very strong to drink on its own.
6 Squeeze quarter of a lime, leave the peel in the glass. Pour in some sugar syrup then the rum. 7 None!

UNIT 10
2 Allez, au boulot!

A 1A, 2A, 3B, 4B, 5A, 6B, 7B, 8A.

B Adrien: 3. Chantal: 5. Julie: 7. Jamel: 1.

C 1 Adrien s'occupe du développement scolaire d'enfants, d'adolescents ou de jeunes adultes **malentendants**. Il leur enseigne **individuellement ou en groupe** les matières **générales** en utilisant des méthodes adaptées à leur handicap grâce à des moyens spécifiques, comme la lecture sur les lèvres ou la langue des signes.
2 Chantal s'occupe de l'**exportation** de produits. Elle est responsable des envois des commandes **à l'étranger.** Elle supervise l'emballage des produits, elle se charge des papiers nécessaires **et s'occupe aussi** du transport.
3 Julie est étudiante et fait un stage de **quatre** mois dans une **grosse** compagnie. Elle travaille au service des **ventes.**
4 Jamel travaille dans **le multimédia.** Il crée et produit des **images** pour les jeux vidéos ou pour les bornes d'informations interactives mais il crée aussi des trucages numériques pour le **cinéma.**

D 1 **a** Je **contacte** et **visite** les clients habituels ou potentiels.

b Je leur **présente** les produits et services de mon entreprise.
c Je **connais** parfaitement la gamme des articles et des prestations de ma société (et en partie de la concurrence).
d J'**assure** un chiffre d'affaires et un service après-vente performants.
e Par mon attitude agréable et ma présentation irréprochable, je **veille** à soigner l'image de marque de mon entreprise.

2 **a** Nous **avions** pour mission principale d'accueillir les clients.
b Nous les **conseillions** et nous **promouvions** la qualité du service dans le secteur touristique.
c Nous **étions** capables d'offrir un produit de façon créative en tenant compte des besoins réels des clients.
d Nous **apportions** également à l'entreprise touristique des données intéressantes quant au marché et à la politique à suivre.
e Nous **maîtrisions** les connaissances de base du tourisme et de la communication et nous **parlions** plusieurs langues.

3 Vous êtes viré!

A 1 For young people aged 14 to 25 and for businesses. 2 This site should help young people find a summer job or a job they can do while studying. It should also help businesses to find new people. 3 It's free. 4 For students: to write your CV online, to check job offers, to manage your account safely, to put your CV into PDF format, to access discussion forums. For businesses: to post job offers, to consult CVs, to manage your account safely and to access discussion forums.

B 1 She sent personal emails to her friends and spread a computer virus round all the computers in the company.
2 *Part 1:* Personal details.
Part 2: Professional experience.
Part 3: Education.
Part 4: Other/miscellaneous.

3

Duration	Occupation	Employer
1 year	**Au pair**	Mr & Mrs Richardson
5 years	**Secretary (bilingual)**	Euromix
6 years	Accountant	Valo
2 years	**Accountant**	Vorex

4 Baccalaureate in Management and Accountancy (A level). 5 Shorthand-typist course. 6 She hasn't practised her English for years.

C

1 Françoise, tu as passé ton bac en quelle année?
  Je l'ai passé en 1990, je crois.
2 Tu as fini ta formation en allemand?
  Bien sûr! Je l'ai fini**e** le mois dernier.
3 La personne que j'ai rencontr**ée** hier pendant mon entretien était vraiment sympa.
4 Tu as reçu les résultats de tes examens?
  Non, je ne les ai toujours pas reçu**s**.
5 Quelles questions t'ont-ils pos**ées** à l'entretien?
  Ils m'ont demandé des choses sur mon expérience professionnelle.
6 Muriel, pourquoi est-ce que ton patron t'a renvoy**ée**?
  Il ne m'a pas renvoy**ée**, c'est moi qui ai quitté mon patron!

D Votre CV n'est rien d'autre qu'un passeport pour l'**entretien**. Il n'est que la première étape d'un parcours qui peut s'avérer **long** et difficile, surtout si vous avez affaire à un cabinet de recrutement. C'est votre **carte de visite** privilégiée, le reflet de votre parcours personnel et **professionnel** et de votre personnalité.

UNIT 10

Votre CV doit retracer fidèlement votre cursus personnel et professionnel en indiquant:
- ce que vous êtes,
- ce que vous avez fait,
- ce que vous avez appris,
- ce que vous êtes **capable** de faire.

Soignez-le donc comme il le mérite car vous serez jugé sur sa pertinence et son **attractivité**.

Un CV bien fait est un CV qui **rassure**, suggère, et finalement donne envie au recruteur potentiel de vous **rencontrer**. Il le lira d'abord en diagonale, en 30 secondes ou moins, pour vérifier que tout y est, c'est-à-dire que votre **profil** correspond au exigences minimales requises par le poste en termes d'âge, de **formation**, d'expérience (essentiellement la dernière), de type de sociétés, et de secteur d'activités.

Donnez-lui ces points de repère par une présentation **claire** et aérée: qu'il ne cherche pas. Si votre profil passe la rampe, il prendra alors le temps de 'l'éplucher' en détail pour se faire son opinion. En étant synthétique, précis, concret, positif, faites en sorte que votre **candidature** soit la meilleure possible, et qu'elle atterrisse dans la banette ou chemise 'à convoquer'.

4 J'ai trouvé du travail

A 1 trustworthy ✔, available ✔, efficient ✔, serious ✔, hardworking ✔.
2 organising ✔, typing ✔, filing ✔.
3 She'll join a couple of charities. She said in her letter that she was involved in charity work.

B Ref. 00561: Faux, Vrai, Faux.
Ref. 00579: Vrai, Faux, Faux.
Ref. 0092 : Vrai, Faux, Vrai.

C *Lettre 1:*
1 Je parle couramment anglais. 2 Ce poste m'intéresse vraiment. 3 Votre annonce parue dans… 4 J'occupe actuellement ce poste. 5 Mes talents de vendeur…

Lettre 2:
1 Un excellent rapport de stage.
2 J'aimerais vous en parler davantage. 3 Lors de mon stage.
4 ...est mon domaine de prédilection.

D Si j'avais ce poste, je **serais** le plus heureux des hommes. Je **gagnerais** beaucoup d'argent. Je **changerais** ma voiture et **achèterais** une grande maison. Ma femme **serait** fière de moi. Je l'**emmènerais** au restaurant deux ou trois fois par semaine. On **irait** en vacances dans le Sud de la France, on **pourrait** même aller aux sports d'hiver: nous **ferions** du ski, nous **logerions** dans un bel hôtel... adieu la caravane! Je la **vendrais** aussi! J'**aurais** des collègues sympas et on **deviendrait** amis, ils **viendraient** manger à la maison et ils nous **inviteraient** aussi chez eux. Que la vie **serait** belle si j'avais ce travail!

F *Suggestions:*
- Votre annonce parue dans le quotidien *Le Matin* a retenu mon attention.
- Travailler quelques heures par semaine comme secrétaire pour votre association (caritative) m'intéresse vivement.
- Veuillez trouver ci-joint mon Curriculum Vitae.
- Je travaille actuellement comme... et j'aimerais beaucoup apporter mon expérience à votre association.
- Je suis...
- Je parle.... et mon expérience dans le secrétariat m'a permis de maîtriser ce poste dans différents aspects: frappe, organisation, classement...
- J'aimerais vous en parler davantage à l'occasion d'un entretien.
- Dans cette attente, veuillez agréer, madame, monsieur, l'expression de ma considération distinguée.

UNIT 10

RECORDING TRANSCRIPTS

UNIT 1
1 Mais je ne connais personne ici…
A

Olivia: Salut Nathalie!

Nathalie: Salut. Joyeux anniversaire, Olivia. Tiens, c'est pour toi.

Olivia: Oh, il ne fallait pas!

Nathalie: Mais dis donc, il y a du monde… et je ne connais personne.

Olivia: Oh, ne t'en fais pas! Tiens, prends un verre et viens avec moi. Alors, tu vois là-bas, le couple près de la table, ce sont mes parents, Jacques et Marie-Claire. Ils habitent à Paris, ils sont venus passer le week-end pour mon anniversaire. C'est sympa, non? Et là, celle qui rit et qui tient une assiette dans la main, c'est Brigitte, ma sœur aînée. Elle a 33 ans et travaille pour une compagnie d'assurance, elle est secrétaire. A côté c'est son fiancé, Oliver, mais on l'appelle 'Oli'. Il est anglais, enfin non, écossais – il déteste quand on dit qu'il est anglais! Il vient d'Edimbourg.

Nathalie: Mais il parle français?

Olivia: Oh oui. Parfaitement, avec un petit accent très sympa.

Nathalie: Et lui, là-bas… dis donc, il est mignon! Qui est-ce?

Olivia: Qui?

Nathalie: Le garcon là, avec un jean et un T-shirt vert.

Olivia: C'est Rachid, c'est mon ami d'enfance. On se connaît depuis 20 ans, on est allés à l'école ensemble. Rachid travaille dans l'informatique dans une petite boîte près d'ici, mais il est marié et il a déjà deux enfants: un garçon de quatre ans et une fille de deux ans. Ils jouent dans la chambre… et regarde, la femme assise près de la télévision avec la robe bleue, c'est Agnès, sa femme. Elle est enceinte…

Nathalie: Et cette fille, là, avec les longs cheveux noirs, je la connais, je crois.

Olivia: Mais oui, c'est Muriel. Elle travaille chez Vorex, comme nous, mais elle est dans le service comptabilité, au premier étage.

Nathalie: C'est elle qui est séparée de son mari depuis trois mois?

Olivia: C'est ça. Et maintenant je crois qu'elle a une relation avec Jérôme, le chef de production, mais ne dis rien à personne!

Nathalie: Ne t'en fais pas. Je ne parle jamais, je ne vois personne et je ne sais rien! Mais quand même…

2 Où, quand, comment? Dites-moi tout!

A

Blandine: Mais… Jennifer?

Jennifer: C'est pas vrai, Blandine? Mais qu'est-ce que tu fais ici? Comment vas-tu?

Blandine: Ça va, je suis en vacances à Annecy et tu vois, je me promène… mais toi, tu habites dans la région?

Jennifer: Oui, ça fait dix ans. Mais dis-moi, qu'est-ce que tu deviens? Moi, tu sais, je cours partout, je mène une vie de dingue, entre la gym, l'esthéticien, mes cours de peinture sur soie et les enfants. Enfin les enfants, ce sont mes beaux-parents qui les gardent la plupart du temps, ils insistent!… alors moi, pour ne pas les contrarier, j'accepte. Et toi, tu es mariée? Est-ce que tu as des enfants aussi?

Moi, j'en ai trois, ils sont adorables. Dis-moi, tu es à Annecy pour combien de temps exactement?

C'est une belle ville, n'est-ce pas? Belle, mais fatigante… d'ailleurs, je vais à l'agence de voyages là pour retirer mon billet, j'ai besoin de vacances. Pierre-André, mon mari, ne veut pas venir, il préfère rester… je pars demain en Floride, je prends l'avion à 13h00 de Lyon. Tu voyages beaucoup toi aussi?

Tu sais, moi, dès que je le peux, je pars. J'adore voyager. Au fait, tu es mariée? Tu as des enfants? Raconte-moi tout!

Blandine: Et bien oui, je suis mariée et…

Jennifer: Attends, quelle heure est-il?

Blandine: Deux heures.

Jennifer: …et demie? Oh là là, je dois filer… Ecoute, je te téléphone… Cia-ciao!

Blandine: *[to herself]* Elle n'a même pas mon numéro… sympas les retrouvailles!

3 C'est une question de personnalité!

D and **E**

Olivia: Bonsoir mon ange. Alors les '8 femmes', tu as aimé?

Francis: Ah ouais, vraiment, c'était très sympa. Ces femmes sont vraiment magnifiques et très sensuelles. Ma préférée, je crois que c'est Gaby, la mère: une belle femme, élégante, très bourgeoise, mais en même temps égoïste. Elle est aussi très avide et cupide et elle cache pas mal de secrets. Mais enfin Catherine Deneuve est vraiment bien dans ce rôle.

Olivia: Il y a aussi Emmanuelle Béart dans le film, non?

Francis: Oui, elle joue le rôle de Louise, la nouvelle femme de chambre. Elle est très belle, surtout avec les cheveux défaits. Elle joue la fille insolente et perverse, tu sais. La fille qui ne se laisse pas marcher sur les pieds. Elle est très directe et c'est marrant parce que les personnages chantent tous une chanson, enfin c'est un peu bizarre…

Olivia: Ah bon? Isabelle Huppert chante aussi?

Francis: Bien sûr, elle joue le rôle d'Augustine, une vieille fille qui râle toujours sur tout. Mais tu comprends après, qu'en fait elle est très seule et qu'elle recherche l'attention des autres… alors elle est hypocondriaque, de mauvaise humeur, elle crie dans la maison comme une folle. Non vraiment, c'est un film amusant. Tu devrais le voir… on peut y aller ensemble la semaine prochaine si tu veux, j'aimerais le revoir.

UNIT 2
1 Vous vous souvenez?
B

Personnage numéro un: Mon personnage n'est pas le héros principal des aventures qu'il traverse mais il est l'ami fidèle de ce héros. Il habite dans un petit village situé à l'ouest de son pays. Il est très fort, en fait, il est tombé dans la potion magique du druide Panoramix quand il était petit, ce qui lui donne une force considérable permanente. Mon personnage est très gourmand. Il adore le sanglier et il a, c'est vrai, un peu d'embonpoint, mais il ne faut jamais dire qu'il est gros! C'est un personnage susceptible. Il est naïf mais sensible et fragile aussi. Alors qui est-ce?

Personnage numéro deux: Mon personnage est le héros principal de ses aventures, mais c'est le plus mystérieux: on ne connaît pas son âge, sa famille, sa vie amoureuse. On ne connaît que sa profession… C'est un personnage courageux, intrépide, modeste, intelligent, réfléchi et rusé. Il n'est jamais grossier. Mon personnage sait tout faire: il n'a jamais de problèmes avec les langues étrangères, il peut conduire toutes sortes de véhicules, il sait monter à cheval. C'est aussi un excellent nageur et tireur. Il pratique la gymnastique et le yoga. Il a un chien qui l'accompagne dans toutes ses aventures.
Qui est-ce?

Personnage numéro trois: Mon personnage n'est pas d'origine française. C'est une personne très maniérée, qui, retirée en Angleterre, résoud des enigmes et des mystères. C'est un personnage maniaque, vaniteux et il est pour beaucoup assez ridicule. Il a les yeux verts, les cheveux teints et il porte une petite moustache. Il est toujours très méthodique, il aime observer et

remarque les plus petits détails. Il trouve toujours la clé du mystère et aime réunir tous les personnages à la fin de son enquête pour nommer le coupable. Il meurt lors de ses dernières aventures.
Qui est-ce?

2 C'est tous les jours la même chose…

C

Marie: Bonjour Monsieur Dupré. Je vous en prie, asseyez-vous.

Bernard: Bonjour madame, merci.

Marie: Monsieur Dupré, vous travaillez pour nous depuis maintenant trois mois. Comment se passe votre travail? Vous vous plaisez dans notre société?

Bernard: Oui, beaucoup. Je me sens un peu fatigué mais je m'habitue à ce nouveau rythme de vie. Comme le travail commence à 6 heures, je me lève tous les jours à 4 heures, je me prépare et je prends la voiture.

Marie: Oui, vous habitez assez loin, n'est-ce pas?

Bernard: A une cinquantaine de kilomètres, oui.

Marie: Vous finissez votre poste à 14h30, vous pouvez donc vous reposer après votre travail.

Bernard: Oui, enfin non, voyez-vous, je m'occupe du club sportif de mon village et chaque jour à 17h00, j'emmène un groupe de jeunes à la salle des sports et là, ils s'entraînent… alors, le football, la gym etcetera. On s'amuse bien! Et puis, après ça, je rentre à la maison. Ma femme prépare le repas, nous nous asseyons à table et parlons de la journée.

Marie: Vous avez des enfants?

Bernard: Oui, deux: un garçon et une fille. Je m'inquiète un peu pour mon fils, il a treize ans et ses résultats scolaires sont catastrophiques. Il ne s'intéresse à rien, se dispute avec ses camarades. Nous recevons régulièrement des lettres du collège et les professeurs se plaignent de ses résultats et de son comportement en classe. Je me demande si ce n'est pas son âge, une période un peu difficile.

Marie: Sans doute… Est-ce que vous vous entendez bien avec vos collègues?

Bernard: Oh oui, pas de problème particulier. Vous savez, on ne se parle pas beaucoup car on se dépêche toujours, mais on se retrouve pour prendre un café quelquefois après le travail.

Marie: Parfait! Merci Monsieur Dupré, ça sera tout. Je dois me préparer, j'ai une réunion avec le directeur. Je dois m'assurer que tout est prêt… Au revoir, Monsieur Dupré.

Bernard: Au revoir, madame.

3 C'est de l'histoire ancienne
C

Muriel: Salut!

Olivia: Salut Muriel. Eh bien, tu as l'air en forme.

Muriel: Je suis heu-reuse! Je vis actuellement une histoire d'amour avec un homme formidable. Devine qui?

Olivia: Jérôme!

Muriel: Ben, comment tu le sais?

Olivia: Mais tout le monde le sait! Vous vous embrassez dans les couloirs, tu parles d'une discrétion.

Muriel: Il est vraiment bien, tu sais. Et attends, il est né le même jour que moi. C'est un signe! Et puis, il est intelligent… il a eu son bac avec mention. Ensuite il est allé à l'université de Lille où il a étudié la biochimie pendant deux ans. Tu te rends compte, la biochimie! Bon, il a raté tous ses examens, mais je n'ai pas tout réussi dans la vie moi non plus. C'est à Lille qu'il a rencontré Valérie, il l'a épousée un an plus tard. Le fiasco… je ne t'explique pas… Pourtant ils ont voyagé partout en France, ils ont même acheté une maison. Lui a commencé à travailler pour Vorex, elle a eu un interview aussi pour un job de secrétaire ici, mais apparemment elle n'a pas impressionné la direction. Il faut dire aussi que ce n'est pas une lumière, Valérie. Bref, les problèmes ont commencé: elle a fait un régime, elle est devenue dépressive et elle ne s'est plus du tout occupée du pauvre Jérôme, qui lui a dû faire des heures supplémentaires car elle a dépensé pratiquement tout leur argent. Ils se sont disputés et ils se sont séparés.

Olivia: Et qu'est-ce qu'elle fait maintenant?

Muriel: Je ne sais pas. Jérôme n'a pas eu de nouvelles depuis. La grande nouvelle, c'est que lui et moi avons décidé d'emménager ensemble.

Olivia: Mais ce n'est pas un peu rapide?

Muriel: Tu sais, nous avons passé beaucoup de temps ensemble récemment. Nous sommes même allés chez ses parents: ils ont été adorables avec moi. Nous avons parlé, nous avons ri… je suis heu-reuse!

4 Je suis Ch'ti… *and I'm a Brummy!*

B

Jeau-Luc Fauvier: Je suis né à Lille et j'ai toujours vécu à Lille. C'est une ville de commerce et d'industrie, située aux portes de l'Europe du nord-ouest. Mais Lille, c'est aussi une ville d'arts et de culture, d'ailleurs Lille a été Capitale de la Culture en 2004 et a été classée station de tourisme en 2001. Lille a su mélanger une ambiance flamande et une architecture high-tech. La métropole, avec plus d'un million d'habitants, étonne par son don de recevoir et de séduire.

Lille a traversé des crises économiques et politiques, des guerres, des invasions qui ont donné à cette ville un patrimoine d'une grande richesse et d'une grande diversité. Aujourd'hui, ses palais, ses musées, ses jardins, ses statues, ses bâtiments, ses beffrois et ses traditions témoignent de ce passé.

Lille a été pionnière en matière d'innovation commerciale dans deux domaines: la grande distribution, avec Auchan, à l'origine des hypermarchés, et la vente par correspondance, secteur où la métropole se situe aujourd'hui au 1er rang européen (Trois Suisses, La Redoute). Lille est aussi le berceau d'entreprises internationalement reconnues, elle excelle dans les domaines du textile mais aussi dans les métiers de l'agro-alimentaire, de l'électronique, de l'informatique, de l'imprimerie, du graphisme et de la recherche. Lille est la troisième place financière de France et le troisième pôle universitaire de France, avec un million d'élèves et d'étudiants.

En ce qui concerne le transport, la métropole lilloise s'est imposée comme précurseur en lançant le premier métro automatique au monde.

Euralille, le nouveau quartier des affaires, se développe au cœur de la ville près de la gare Lille-Europe. Les trains à grande vitesse s'y croisent quotidiennement à destination de toute l'Europe, mettant Lille à 30 minutes de Bruxelles, une heure de Paris et 1h40 de Londres.

Mélomane et dansante, Lille l'a toujours été: son Conservatoire national de musique et de danse est de plus en plus réputé. Le rock, le jazz, les musiques nouvelles et classiques sont présents dans les cafés, théâtres et salles de concert.

Restaurants, bars, discothèques, dîners-spectacles, cinémas, les occasions de faire la fête ne manquent pas.

UNIT 3
2 J'ai besoin de liquide
B

Muriel: Oh, qu'est-ce qu'on est bien tous les deux, hein?

Jérôme: Mmm.

Muriel: Donne-moi ton bras, voilà. Oh qu'est-ce qu'on est bien… Tu sais, au travail, elles sont toutes hyper jalouses de nous voir ensemble et surtout Olivia. Je l'ai vu dans ses yeux… mais l'important, c'est nous, tous les deux, amoureux.

Jérôme: J'ai faim.

Muriel: Quoi?

Jérome: Je meurs de faim. Allez, je t'emmène au resto, ça te dit?

Muriel: Oh super!

Jérôme: Attends, d'abord il faut trouver un guichet automatique. J'ai besoin de liquide, je n'ai que 10 euros sur moi… En voilà un. Tu as mon portefeuille?

Muriel: Ton portefeuille?

Jérôme: Ben oui, dans ton sac.

Muriel: Tiens!

Jérôme: Alors, *Insérez votre carte, sélectionnez votre langue…* select the language of your choice.

Muriel: Appuie sur 'Español' juste pour rire!

Jérôme: Français… *tapez votre code [bip bip, bip, bip], veuillez patienter, sélectionnez le montant du retrait,* 70 Euros. *Désirez-vous un reçu?* Non. *Veuillez patienter… Nous ne pouvons pas traiter votre demande, reprenez votre carte.* Oh ben ça alors, qu'est-ce qui se passe? J'ai pourtant de l'argent sur mon compte, je ne suis même pas à découvert ce mois-ci!

Muriel: Attends, je vais essayer avec ma carte… mon code, c'est quoi mon code? Ah oui, alors… *[bib, bip, bip, bip] Code invalide?* Ah, je m'en souviens maintenant, je vais réessayer… *[bib, bip, bip, bip] Code invalide, reprenez votre carte.* Oh là là là là! Ah oui, ça y est, je m'en rappelle… *[bib, bip, bip, bip, bip] Code invalide, contactez votre agence.* Alors là, c'est le pompon. Elle a avalé ma carte…

Jérôme: Ecoute, appelle la banque demain matin, tu pourras récupérer ta carte. Tu as de l'argent sur toi?

Muriel: Non, enfin oui, je dois avoir 5 euros, pas plus.

Jérôme: Regarde, un café là. On peut manger des frites!

3 Ouvrir un compte
C

Jean-Luc Nollot: Madame Johnston? Bonjour, je suis Jean-Luc Nollot, directeur de cette agence.

Sarah Johnston: Enchantée!

Jean-Luc: Suivez-moi, je vous en prie. Nous allons aller dans mon bureau... Voilà, asseyez-vous.

Sarah: Merci.

Jean-Luc: J'ai bien reçu votre demande pour l'ouverture d'un compte courant dans notre agence. Est-ce que vous avez une carte d'identité ou un passeport?

Sarah: Oui, j'ai apporté mon passeport. Tenez.

Jean-Luc: Mais dites-moi, votre français est excellent. Vous êtes en France depuis longtemps?

Sarah: Non, je suis à Quimper depuis deux semaines mais j'ai vécu à Lyon il y a dix ans. J'ai épousé un Français, mais j'ai gardé mon nom de jeune fille... et nous avons deux enfants.

Jean-Luc: Ils doivent être bilingues! Les miens apprennent l'anglais à l'école, ils se débrouillent bien. Les vôtres ont quel âge?

Sarah: Onze et douze ans.

Jean-Luc: Très bien... Alors je vous ai demandé de m'apporter plusieurs documents, et le premier est une lettre de recommandation de votre banque en Angleterre.

Sarah: Oui, voilà.

Jean-Luc: Parfait. Ensuite deux justificatifs d'adresse en Angleterre.

Sarah: Oui, alors voici une facture d'électricité et une fiche de salaire.

Jean-Luc: Merci, madame. Je garde tout ça dans votre dossier. Qu'est-ce que vous comptez faire en France?

Sarah: Mon mari a trouvé un emploi ici à Quimper et pour ma part, je compte donner des cours d'anglais dans des écoles maternelles. J'ai déjà deux entretiens la semaine prochaine.

Jean-Luc: D'accord... Et est-ce que votre mari et vous avez un patrimoine en Angleterre? Une maison, des terres?

Sarah: Oui, nous avons une maison à Birmingham et aussi un petit appartement en France, à Lyon. Et pour le moment, nous louons une maison ici à Quimper.

Jean-Luc: Très bien. Alors, j'ai préparé quelques brochures sur les services que nous pouvons vous offrir. Des informations sur les plans d'épargne, les prêts mais aussi sur les différentes façons de placer votre argent. Voilà… un peu de lecture!

Sarah: Je vous remercie.

Jean-Luc: Nous vous écrirons très prochainement – nous avons votre adresse – pour confirmer l'ouverture de votre compte. Madame Johnston, merci d'avoir choisi notre banque. Au revoir.

Sarah: Je vous en prie. Au revoir, monsieur.

4 Mais ils sont timbrés!
A
Françoise: Bonjour monsieur, vous désirez?

Hervé: Bonjour madame. Oui, voilà, je voudrais envoyer ce petit paquet à Annecy.

Françoise: D'accord. Posez-le sur la balance… 250 grammes. Vous désirez l'envoyer en rapide ou économique?

Hervé: Je ne sais pas. C'est quoi la différence?

Françoise: Et bien, en économique, le service est plus lent mais c'est moins cher.

Hervé: D'accord, et c'est combien?

Françoise: En économique, c'est 1,40 euros et en rapide, c'est un peu plus cher. Ça fait 1,90 euros, mais le paquet arrivera demain.

Hervé: OK, alors en rapide, s'il vous plaît. Et puis, je voudrais envoyer cette lettre en recommandé avec accusé de réception.

Françoise: D'accord, alors… ça fait 3 euros pour le recommandé, plus 1,30 euros pour l'accusé de réception. C'est tout, monsieur?

Hervé: Non. Il me faut aussi 10 timbres à 50 centimes.

Françoise: Voilà monsieur, alors ça fait en tout... 11,20 euros, monsieur, s'il vous plaît.

Hervé: Voilà.

Françoise: Alors 20 euros... 11,50, 12, et 3 quinze, et 5 qui font 20. Merci monsieur, au revoir.

Hervé: Merci. Au revoir madame.

UNIT 4
2 Nous avons une villa sur la Côte d'Azur
B

Description 1:

Homme 1: J'habite dans une petite maison qui se trouve près d'un étang. Ce n'est pas très grand mais c'est très confortable. Il y a une petite cuisine avec un coin-repas, un salon assez spacieux. A l'étage, il y a deux chambres et une salle de bains. J'ai aussi un jardin potager où je cultive des légumes, c'est très relaxant.

Description 2:

Femme 1: Moi, j'habite en plein centre-ville, dans un grand appartement au troisième étage d'un bâtiment qui a été construit au début du siècle dernier. Les pièces que je préfère sont le salon et la salle à manger qui sont immenses. Il y a aussi trois chambres et une très jolie salle de bains. La cuisine, par contre, n'est pas très grande mais elle est très pratique. Vu de l'extérieur, le bâtiment est assez impressionnant avec ce grand portail de fer forgé qui donne sur la cour intérieure. Très chic.

Description 3:

Homme 2: Nous habitons sur un bateau que nous avons acheté il y a quelques mois. Nous sommes retraités et nous aimons beaucoup voyager. Nous avons préféré acheter une péniche plutôt qu'une caravane. Nous parcourons les canaux de France, c'est tellement agréable... et puis, vivre sur l'eau, c'est fantastique! Nous avons une petite cuisine avec une table et deux banquettes pliantes qui deviennent un lit de deux personnes, pour les amis. Nous avons notre chambre et un cabinet de toilette avec une douche. Vous voyez, tout le confort nécessaire.

Description 4:

Femme 2: Mon mari, mes enfants et moi habitons dans une maison que nous avons fait bâtir au bord de la mer. Elle est splendide. Nous avons six chambres car nous aimons recevoir la famille et des amis. Il y a trois chambres dont les balcons donnent sur l'océan: c'est assez spectaculaire, surtout le soir quand le soleil se couche. La maison est très moderne avec des grandes baies vitrées et une énorme terrasse qui mène directement à la plage. Nous avons quatre salles de bains, trois en haut et une en bas. Il y a aussi un grand garage qui abrite les trois voitures et l'atelier de mon mari. Il bricole beaucoup. C'est la maison dont nous avons toujours rêvé.

3 A l'agence immobilière
B

M. Montiel: Monsieur-madame, bonjour. Thomas Montiel [*shaking hands*]. Asseyez-vous, je vous en prie. Qu'est-ce que je peux faire pour vous?

Sébastien: Et bien voilà, nous cherchons une maison à louer dans la région.

M. Montiel: D'accord. Quelle sorte de maison cherchez-vous?

Nadia: Ce que nous cherchons, c'est une petite maison – nous n'avons pas d'enfants – meublée avec deux chambres.

M. Montiel: Dans quel ordre de prix?

Sébastien: Nous pouvons nous permettre un loyer jusqu'à 750 € par mois.

M. Montiel: Et au niveau surface?

Sébastien: Et bien, ce que nous voulons, c'est une maison confortable, assez spacieuse, ni trop grande, ni trop petite. Ce qui est important, c'est d'avoir une cuisine équipée, une salle à manger/salon… je voudrais aussi un petit jardin et surtout un garage.

M. Montiel: Très bien. Je note ces détails… Est-ce que vous travaillez tous les deux?

Nadia: Oui, je suis réceptionniste dans un hôtel et mon mari est enseignant.

M. Montiel: D'accord… Je vais prendre vos coordonnées et je vous contacte dès que nous avons quelque chose.

Sébastien: Est-ce que nous devons payer quelque chose?

M. Montiel: Non, pas pour le moment. Si nous trouvons une maison qui vous plaît et que vous désirez louer, alors il y a des frais d'agence.

Nadia: C'est combien les frais d'agence?

M. Montiel: Nous demandons 350 €, ce qui comprend les formalités légales telles que l'établissement du bail, mais nous nous occupons aussi de l'établissement de l'état des lieux. Bien sûr, vous devrez payer une caution en supplément.

Sébastien: De combien est la caution en général?

M. Montiel: Ça dépend du montant du loyer et du propriétaire. Certains exigent l'équivalent d'un mois de loyer ou quelquefois deux mois à payer d'avance.

Nadia: D'accord. Alors nous attendons votre coup de téléphone.

M. Montiel: Une dernière chose: quand désirez-vous emménager?

Sébastien: Le plus vite possible. Nous habitons actuellement chez mes parents, ce qui nous a dépanné pendant quelques mois et il n'y a donc pas de préavis de départ à donner.

M. Montiel: Parfait, alors je vous contacte dès que possible.

Sébastien: Merci.

Nadia: A très bientôt.

M. Montiel: Au revoir, monsieur. Au revoir, madame.

UNIT 4

4 Je déménage, j'emménage

A

Julien Perrot: Il est 14h30, vous êtes toujours sur RTC et c'est l'heure de notre rubrique « conseils pratiques » avec aujourd'hui pour invitée la charmante Anne Verger qui nous présente son nouveau livre *Ma maison, mon bonheur*. Bonjour Anne!

Anne Verger: Bonjour Julien.

Julien: Alors dans ce livre, vous nous donnez plein de conseils, de trucs pour bien vivre chez soi... mais avant de s'installer, il y a le déménagement.

Anne: Tout à fait Julien, le déménagement est toujours une épreuve angoissante, nerveusement et physiquement, alors je le dis et je le répète: n'improvisez pas!

Julien: Très bien. Alors par exemple, quel est le meilleur moment pour déménager?

Anne: En fait, il faut essayer d'éviter certaines périodes: par exemple, le début ou la fin du mois, les vacances scolaires et les dates d'expiration des loyers.

Julien: Et avec qui déménager?

Anne: Oh là là, attention aux amis qui vous font des promesses et qui, le jour du déménagement, ne peuvent plus venir. Je vous conseille de faire appel à des professionnels et surtout de tout organiser au moins un mois à l'avance.

Julien: Et au niveau des changements d'adresses et...

Anne: Oui, très important là aussi. N'oubliez pas de contacter EDF-GDF et le service des Eaux pour fermer les lignes électriques et les alimentations en eau et en gaz de votre ancien logement, et de les ouvrir dans le nouveau. Contactez aussi France Télécom ou votre opérateur téléphonique et n'oubliez pas de demander à la Poste la réexpédition automatique de votre courrier à votre nouvelle adresse.

Julien: C'est évident, non?

Anne: Certainement, mais beaucoup de gens oublient ou le font trop tard.

Enfin, une dernière chose, très importante: n'oubliez pas d'établir l'état des lieux de votre ancien logement et du nouveau avec le propriétaire ou l'agence <u>avant</u> de déménager.

Julien: Et bien, merci Anne Verger pour tous ces bons conseils et je rappelle à nos auditeurs que votre livre *Ma maison, mon bonheur* est en vente dans toutes les librairies.

UNIT 5
2 'Bienvenue… Vous avez des emails…'
C

Nathalie: Jean-François, qu'est-ce que tu fais?

Jean-François: Je suis sur internet.

Nathalie: Ben je le vois bien, mais qu'est-ce que tu fais?

Jean-François: Je suis en train de télécharger un fichier que Thomas m'a envoyé. C'est sa présentation pour la semaine prochaine. Sa compagnie lance un nouveau produit et c'est lui qui doit le présenter aux clients.

Nathalie: Tu en as pour longtemps?

Jean-François: Non… voilà, je vais le sauvegarder dans mon dossier. Tu veux la visionner avec moi?

Nathalie: Oh non, ce genre de truc, ça m'ennuie. Non, j'ai besoin du téléphone, je dois appeler Sophie.

Jean-François: Et ça ne peut pas attendre? Je n'ai pas fini de lire mes emails.

Nathalie: Non, j'ai promis de l'appeler à 2h00 et il est déjà deux heures et demie.

Jean-François: C'est toujours la même chose: quand je suis sur le net, tu as besoin de téléphoner à tes copines, et en plus c'est juste pour leur raconter des ragots sur tes collègues et les voisins.

Nathalie: Et ben oui! Le problème, c'est que tu es toujours sur le net. Pourquoi tu ne changes pas ta connexion internet en 'haut débit', au moins je pourrais utiliser le téléphone même quand tu es connecté.

Jean-François: Non, ça ne m'intéresse pas vraiment, et en plus c'est trop cher. C'est toi qui va la payer, la connexion haut débit? Et puis, il faut acheter un modem spécial, alors…

Nathalie: Oui, mais c'est hyper rapide. Ecoute, hier j'ai voulu télécharger la nouvelle chanson d'Etienne Daho: une heure douze pour la télécharger, ça prend deux minutes avec le haut débit.

Jean-François: Oui, bien sûr, deux minutes… Oh regarde, il y a un email de Sophie, tu veux le lire?

Nathalie: Oh oui, ouvre-le! Pousse-toi, je vais le lire… Elle a essayé de m'appeler… mais la ligne est toujours occupée. Oh non, je ne le crois pas. Corinne est encore enceinte… et elle a peur de le dire à son mari!

JF: Tu m'étonnes. C'est le cinquième, non?

3 Ça sonne encore occupé!

A

1 Avec France Télécom, passez des week-ends de communications illimitées avec vos proches. Pour vous, le temps est suspendu. Vous qui voulez téléphoner sans fin partout en France aux trois personnes que vous avez choisies. Téléphonez sans limite de temps, partout en France métropolitaine, avec trois numéros illimités! Choisissez vos trois numéros, et appelez-les aussi souvent et aussi longtemps que vous le voulez, tous les week-ends et les jours fériés, pour seulement 5 euros par mois. Vous pouvez modifier vos trois numéros illimités 3 fois par an gratuitement.

Voir conditions de l'offre. Pour plus d'informations, retrouvez-nous sur www.francetelecom.fr

2 Avec France Télécom, découvrez la Messagerie Vocale: la messagerie gratuite de votre ligne. Grâce à la Messagerie Vocale et sans

équipement supplémentaire votre téléphone bénéficie de toutes les fonctions d'un répondeur et même plus! La messagerie vocale prend vos appels lorsque vous êtes absent ou déjà en ligne, et ce jusqu'à 5 appels simultanés! La Messagerie Vocale enregistre également les numéros des appelants qui n'ont pas laissé de message. Vous pouvez consulter vos messages de chez vous mais aussi à distance depuis un mobile Orange ou Bouygues ou depuis une autre ligne fixe.
Pour plus d'informations, consultez notre site internet:
www.francetelecom.fr

C

Conversation 1:

Femme: Société Legrand, bonjour.

Bernard: Bonjour madame, je voudrais parler à M. Lefebvre s'il vous plaît.

Femme: De la part de qui?

Bernard: M. Vaillant. Bernard Vaillant.

Femme: Ne quittez pas, je vous le passe... La ligne est occupée M. Vaillant, voulez-vous patienter?

Bernard: D'accord.

Conversation 2:

Patrice: Allô, Patrice Muller à l'appareil.

Françoise: Oui bonjour, pouvez-vous me passer le poste 452 s'il vous plaît?

Patrice: Ne quittez pas... Je suis désolé madame, le poste 452 ne répond pas.

Françoise: Je dois parler à Philippe Meurceau, c'est urgent. Est-ce que je peux lui laisser un message?

Patrice: Bien sûr, c'est de la part de qui?

Françoise: Françoise Durand. Demandez-lui de me rappeler dès que possible, il a mon numéro. Dites-lui que c'est urgent.

Conversation 3:

Homme: Allô!

Catherine: Allô Laurent, mon lapin, comment tu vas?

Homme: Qui est à l'appareil?
Catherine: Ben enfin, c'est moi Catherine... Oh, je me suis trompée de numéro, excusez-moi monsieur, je suis vraiment désolée.
Homme: Ce n'est rien. Au revoir, madame.

Conversation 4:
Patricia: Allô!
Chantal: Allô Patricia? C'est Chantal.
Patricia: Salut Chantal, comment ça va?
Chantal: Ça va bien... Ecoute, je suis assez pressée, je t'appelle du boulot. Est-ce que tes parents sont là?
Patricia: Non, ils sont sortis. Ils doivent rentrer d'ici une heure.
Chantal: Peux-tu me rendre un service? C'est au sujet des clés de la caravane. Est-ce que tu peux leur dire que je compte passer demain matin pour les leur donner? J'ai trop de travail pour passer ce soir.
Patricia: Pas de problème, je vais leur laisser un message car je dois sortir aussi maintenant.
Chantal: Super, je te remercie. On s'appelle, hein! Ciao.

4 Veuillez agréer...
A
Lettre 1:
Lille, le 3 juin 20–
Monsieur, Lors d'un séjour dans votre hôtel, du 15 au 21 mars dernier, un sac de voyage contenant mes effets personnels a été dérobé.

Ce bagage était rangé dans l'armoire de la chambre n°18 que ma femme et moi occupions. Le vol a eu lieu dans la journée du 19 mars, probablement entre 14h et 17h.

Je vous rappelle que, selon l'article 1952 du Code civil, votre responsabilité d'hôtelier est totalement engagée. Je ne vois donc aucune raison au refus que vous m'avez opposé par téléphone il y a quelques jours.

Je vous mets donc en demeure de m'indemniser pour ce sac de voyage

et son contenu, dont vous trouverez le détail ci-joint.
Veuillez agréer, monsieur, l'expression de ma considération distinguée.
M. Honoré

Lettre 2:

Rouvroy, le 26 juin 20-

Objet: Procès verbal QH5267891A

Monsieur le Procureur de la République,

J'ai été verbalisé par un agent de police le 3 de ce mois à 16h10 à la hauteur du 6 rue Pasteur à Béthune selon le procès verbal numéro QH5267891A que je joins à la présente.

Je souhaite être exonéré du paiement de cette contravention. En effet, aucun panneau ne signalait l'interdiction de stationnement dans cette rue.

Je vous saurai gré de bien vouloir prendre en considération ma requête.

Veuillez agréer, Monsieur le Procureur de la République, l'expression de ma haute considération et de mes sentiments très respectueux.
Francis Gireaudoux

UNIT 6
2 Ce n'est pas le mien, c'est le tien!

A

Nasser: Oh quel temps! Il faisait tellement beau hier et aujourd'hui… le déluge!

Christian: Bon Isa, tu joues, c'est à toi.

Isabelle: Ce n'est pas à moi, je viens de jouer. J'ai mis la dame de cœur…

Nasser: Et moi, j'ai mis le roi de cœur donc c'est à toi, Christian.

Christian: Et voilà, dame de trèfle.

Nadia: Bon, moi je mets mon huit de trèfle… et j'ai gagné!

Isabelle: Oh, j'ai froid. Nasser, tu me passes ton pull?

Nasser: Ben, pourquoi MON pull? Mets le tien, il est sur le lit.

Isabelle: Non, je préfère le tien, il est plus chaud.

Nadia: Prends le mien si tu veux. Tiens, il est là, prends-le.

Isabelle: Merci, Isa, toi t'es sympa au moins. Oh là là. Je dois aller aux toilettes maintenant… et cette pluie qui n'arrête pas. Nasser, je vais mettre tes baskets.

Nasser: Et qu'est-ce qui ne va pas avec les tiennes?

Isabelle: Tu rigoles? T'as vu les miennes, elles sont toutes neuves.

Nasser: En tout cas, heureusement qu'on n'a pas pris nos tentes!

Nadia: Oh oui, surtout que la nôtre fuit.

Isabelle: La nôtre est trop petite, on l'a achetée l'année dernière. C'est une 'deux places'. Elle est comment la vôtre?

Christian: C'est une petite tente, jaune fluo, affreuse… On refait une partie de cartes?

Isabelle: Il n'y a pas vraiment le choix. Attendez-moi, je vais d'abord aux toilettes.

3 Mon rêve, c'était d'aller sur la lune…

A

Muriel: Salut Jalila, ça me fait tellement plaisir de te voir.

Jalila: Mais oui, ça me fait plaisir aussi. On s'assoit là? Qu'est-ce que tu prends?

Muriel: Un café.

Jalila: Didier, tu nous mets deux cafés, s'il te plaît! … Alors, quelles nouvelles?

Muriel: Tu ne vas pas le croire…

Jalila: Quoi?

Muriel: Je crois que je suis enceinte.

Jalila: Quoi?

Muriel: Eh oui… bon, je ne suis pas sûre mais j'ai déjà des fringales de chocolat, c'est grave!

Jalila: Mais attends un peu, tu avais déjà des fringales de chocolat avant et ça ne voulait pas dire que tu étais enceinte. Moi je me souviens. Oh là là, j'étais malade tous les jours, j'avais des nausées terribles. Le matin, quand je me levais, je ne supportais même pas l'odeur du café. Après dans la matinée, ça allait mieux, mais ce n'était pas agréable.

Muriel: Ah bon? Ah non, moi, je ne suis pas malade.

Jalila: Et puis après, ah je me rappelle, je mangeais n'importe quoi. Philippe trouvait ça très étrange... mais j'avais toujours des envies bizarres, je mélangeais tout: le sucré, le salé...

Muriel: Et tu ne pouvais pas te contrôler. Moi, c'est pareil!

Jalila: Et les sautes d'humeur, aussi. Il y avait des jours où je ne supportais personne, je m'énervais sur Philippe qui n'avait rien fait et qui ne comprenait pas pourquoi je devenais si agressive... le pauvre chéri. Tout ce qu'il faisait ou disait m'irritait. Il téléphonait même à sa mère pour savoir si c'était normal!

Muriel: Et tu as beaucoup grossi pendant ta grossesse?

Jalila: Ecoute, je grossissais à vue d'œil! Ah oui, j'étais grosse. Mais c'est comme ça: certaines femmes grossissent beaucoup, d'autres moins.

Muriel: Mais tu ne faisais pas d'exercices?

Jalila: Non, j'étais trop fatiguée. Certains jours, je ne pouvais même pas rester au bureau, je m'endormais sur mon ordinateur.

Muriel: Ah non, là, c'est sûr je suis enceinte, j'ai les mêmes symptômes. Je pensais que c'était parce que j'avais trop dansé en boîte samedi et dimanche, mais non... Ecoute, je te laisse, je file à la pharmacie.

F

Le monde est un grand loft

Dans le magazine *Télémoustique* de cette semaine, le sémillant *Jean-Luc Fonck* (du groupe belge *Sttellla*) proposait une petite chronique intitulée *Nous sommes tous des pensionnaires du « Loft Sorry »! Désolé*. L'idée n'est pas neuve: le monde n'est qu'un gigantesque laboratoire destiné à divertir nos amis les Extra-terrestres.

UNIT 6

[...] J'ai fait un rêve horrible: j'ai rêvé que nous faisions tous partie d'un gigantesque « Loft Story »! La planète Terre toute entière était le loft et des Extra-terrestres nous regardaient depuis leur salon sur des écrans de télévision. A la différence de « Loft Story », nous n'étions ni candidats, ni volontaires pour participer au jeu. Nous en faisions partie de générations en générations, de père en fils et de mère en fille.

Je n'ai jamais cru aux enlèvements d'êtres humains par les Extra-terrestres. J'avais raison: il ne s'agit pas d'enlèvements mais d'éliminations du jeu lors du prime du samedi soir: « ... pour éliminer Mme Durand de Marseille, tapez 1. Pour faire disparaître M. De Smet de Nivelles, tapez 2 » etc.

Nous étions malgré nous, les naïfs candidats d'un jeu immense, galactique! Des caméras cachées nous surveillaient 24h sur 24. Ces caméras étaient dissimulées dans les ailes de mouches qui bourdonnent très fort – en fait, si elles bourdonnent si fort, c'est pour couvrir le bourdonnement de la caméra ... écoutez bien! Nous n'avions jamais eu d'intimité ... nous n'en aurions jamais! Nous étions épiés de la tête aux pieds ... jusqu'à la mort! Il ne fallait pas être éliminé trop vite pour avoir encore un peu de temps pour vivre ... jusqu'aux prochaines nominations.

« Ils » avaient même poussé le vice jusqu'à nous laisser organiser nos propres émissions de télé-réalité! Les monstres! C'est ainsi que les extraterrestres regardaient à la télé les évolutions des Terriens qui, sur Terre, étaient pris pour des Martiens. [...] C'est à cet instant précis que je me suis réveillé en sursaut! J'étais en nage! Ouf! Ce n'était qu'un vilain rêve!

4 C'était le bon temps!
A

Jeanine: Laurent, c'était délicieux. Je ne savais pas que tu étais un cordon bleu. Catherine, vous avez beaucoup de chance d'avoir rencontré mon petit-fils, c'est une perle. Déjà tout petit, c'était un garçon modèle: toujours aimable, poli, gentil... jamais un gros mot. Et puis à la maison, il aidait toujours sa mère. Tu te rappelles Laurent, tu avais 13 ou 14 ans et c'était toi qui faisais les ourlets des pantalons et les rideaux.

Laurent: Bon Mamie, on arrête là, OK? Ça devient gênant! Je te sers un peu de vin?

André: Pfff! Aujourd'hui, les jeunes ne font plus rien. C'est vrai, quoi! De notre temps, on ne restait pas chez ses parents jusqu'à l'âge de 30 ans comme maintenant. Moi, à 15 ans je travaillais déjà, c'était à la fin de la guerre...

Laurent: Mamie, Papi, vous allez prendre un petit Cognac?

Jeanine: Oh ben oui, mais pas pour ton grand-père... son cœur...

André: C'est comme les docteurs, avant on avait UN médecin de famille, et il devait diagnostiquer seul toutes sortes de maladies, ensuite il donnait la formule des médicaments pour les pharmaciens. Il discutait avec la famille, prenait son temps. Aujourd'hui les chirurgiens se basent sur des radios, il y a beaucoup trop de spécialistes et moins de relations médecins–patients.

Jeanine: Vous savez Catherine, quand il était petit, Laurent s'amusait toujours avec le rouge à lèvres de sa mère. Il nous faisait tellement rire!... De mon temps, c'était différent, la discipline était primordiale, surtout à l'école. On n'avait pas le droit de se maquiller, on devait porter des uniformes, les filles devaient mettre une jupe avec une blouse et les garçons portaient un pantalon avec une blouse également. Il y avait beaucoup d'éducation civique. C'est comme l'amour: avant, on était discret et quand on amenait un garçon à la maison, c'était sérieux, du concret. Aujourd'hui...

Laurent: *[sighing]* Mamie, tu veux un café?

Jeanine: Oh non, ça me donne des palpitations… je vais reprendre un petit Cognac.

UNIT 7
2 Attention aux chutes!
E

Daniel Dupré: Céline Lefort bonjour, vous êtes notre invitée aujourd'hui dans notre rubrique « conseils pratiques ». Alors, vous allez nous parler des chutes à la maison, n'est-ce pas?

Céline Lefort: Exactement Daniel, je le dis et je le répète: attention aux chutes! Beaucoup de personnes, jeunes ou moins jeunes, sont victimes de chutes dans la maison. Trébucher sur un obstacle, glisser, perdre l'équilibre… Autant de raisons qui conduisent inévitablement à la chute.

Daniel Dupré: Alors, qu'est-ce qu'on peut faire pour éviter de tomber et de se blesser?

Céline Lefort: Et bien, pensez aux revêtements de sols. Savez-vous que la moquette est le revêtement qui occasionne le moins de chutes et qu'il en existe même pour la salle de bains? Alors que le carrelage, le lino, les parquets peuvent se transformer en patinoire.

Daniel Dupré: Oui d'accord, mais tout le monde ne peut pas faire poser de la moquette partout dans la maison!

Céline Lefort: Bien sûr. Si vous ne voulez pas ou si vous ne pouvez pas tout remplacer, alors vous pouvez recouvrir le sol de certaines parties de la maison avec des tapis antidérapants ou fixés au sol à l'aide de bandes adhésives. Alors je parle ici des escaliers, des couloirs, mais aussi dans la cuisine devant l'évier! Dans la chambre aussi, évitez les descentes de lits qui entraînent la glissade. Ou bien stabilisez-les avec du rouleau adhésif double face. Même opération, pour ne pas trébucher, avec les tapis dont les coins rebiquent.

Daniel Dupré: La salle de bains est une pièce dangereuse aussi, j'imagine.

Céline Lefort: Absolument. Je vous conseille de poser un tapis antidérapant dans le fond de la baignoire ou de la douche. Il existe aussi des pastilles autocollantes qui sont d'ailleurs assez jolies.

Daniel Dupré: Et bien, merci Céline Lefort pour ces précieux conseils. Nous nous retrouvons demain matin pour une autre émission de « conseils pratiques ».

3 Chez le véto!
C

Dr Porras: Bonjour madame, entrez.

Sylvie: Bonjour docteur.

Dr Porras: Posez votre chien sur la table... Comment s'appelle-t-il?

Sylvie: Il s'appelle Bouchon. Il ne va pas bien du tout.

Dr Porras: Que s'est-il passé?

Sylvie: Et bien, mon mari et moi sommes allés à la plage ce matin avec les enfants vers 10 heures. Nous avons laissé Bouchon à la maison, nous ne voulions pas le prendre à cause de la chaleur et l'eau de mer... Il allait bien, il était normal. Quand nous sommes rentrés de la plage vers 14h00, Bouchon n'est pas venu nous faire la fête, comme il le fait toujours. Il était allongé, il ne dormait pas mais il avait l'air malade. Je lui ai donné son jouet mais il ne réagissait pas; j'ai essayé de lui donner des croquettes mais il ne voulait pas manger. Et c'est là que j'ai vu une boîte de chocolats vide près du lit: il avait tout mangé! J'ai lu récemment que le chocolat pouvait être très dangereux pour les chiens.

Dr Porras: D'accord. Il a quel âge?

Sylvie: Huit ans.

Dr Porras: Est-ce qu'il a vomi ou eu la diarrhée?

Sylvie: Non non...

Dr Porras: Combien de chocolat a-t-il mangé?

Sylvie: C'était une boîte de 500g de chocolat noir praliné.

Dr Porras: D'accord. Ne vous inquiétez pas, je vais l'anesthésier et lui faire un lavage d'estomac... et je

UNIT 7

vais le garder ici en observation jusqu'à demain matin. Je vous téléphonerai ce soir pour vous dire comment il va.
Sylvie: Oh merci, docteur.

4 Demain, je fais régime!
A

Dr Brice: Monsieur et Madame Poulain, entrez. Asseyez-vous. Alors, qu'est-ce qui ne va pas?

Mme Poulain: Oh docteur, ça ne va pas… ça ne va pas du tout! Regardez-nous. On est trop gros, on est toujours fatigués et stressés, c'est quand même pas normal à 52 ans. Faites quelque chose, docteur!

Dr Brice: Mais madame, c'est à vous de faire quelque chose. Moi, je peux vous donner quelques conseils, c'est tout. Par exemple, est-ce que vous faites du sport?

Mme Poulain: Ben non, on a trop de travail vous savez, docteur.

Dr Brice: L'activité physique, pas nécessairement un sport, est importante à tous les stades de la vie, de l'enfance à un âge avancé. Une vie sédentaire est souvent la cause de diverses maladies comme l'hypertension ou le diabète des personnes âgées. Et puis, l'activité physique ne veut pas dire que vous devez aller à la gym ou à la piscine tous les jours, non! Mais la marche et le vélo par exemple sont très bénéfiques. Et en plus, l'activité physique exerce un effet positif sur l'humeur et le bien-être psychologique.

Mme Poulain : Bon, Jean-Paul, demain tu vas au travail à vélo. Ça te mettra de meilleure humeur.

Dr Brice: Est-ce que vous fumez?

Mme Poulain: Oh… juste un peu. Par contre, mon mari, lui, il fume comme un pompier!

Dr Brice: Vous savez que fumer augmente le risque, entre autres, de voir apparaître certains types de cancer: du poumon, de la bouche, du côlon mais aussi des maladies cardiovasculaires?

Mme Poulain: T'as entendu, Jean-Paul? Je te le dis toujours mais tu ne m'écoutes jamais. Les cigarettes, finies!

Dr Brice: Surveillez aussi ce que vous mangez. Mangez de tout, mais en quantités raisonnables, mais surtout faites un peu d'exercice.

Mme Poulain: Comptez sur moi docteur, je vais le surveiller moi, mon Jean-Paul. Allez! On y va!

UNIT 8
2 Loisirs
D

Denis: Karine! Qu'est-ce que c'est 'entertainment'?

Karine: Quoi?

Denis: 'Entertainment', qu'est-ce que c'est?

Karine: Ben, c'est de l'anglais... ça veut dire 'divertissement, distraction'. Pourquoi tu me demandes ça? Tu apprends l'anglais maintenant?

Denis: Non, c'est cet article que je suis en train de lire: « L'entertainment, c'est le monde de demain ». C'est un article sur les loisirs des Français. Il dit que *[reading]* '43% des Français déclarent utiliser internet, 40% regarder des films sur DVD et 35% effectuer des activités de loisirs sur un ordinateur (par exemple, scanner des photos ou télécharger de la musique).'

Karine: Et alors? Je pensais qu'on avait décidé de ne pas acheter d'ordinateur maintenant et encore moins l'internet. Tu as dit qu'on avait pas d'argent à gaspiller dans ce genre de trucs. Tu as changé d'avis? Tu sais, si tu t'ennuies tu peux prendre ton vélo, ou aller à la piscine, ou même finir de tapisser la chambre des enfants. Ça fait deux semaines que leur chambre est sans papier peint...

Denis: Ecoute ça: *[reading]* '50% des Français vont au cinéma. Plus de 8 Français sur 10 possèdent ainsi un téléphone fixe, une télévision, un autoradio, une chaîne hi-fi, un magnétoscope et même un téléphone mobile. Plus d'un Français sur deux a également un ordinateur fixe, une imprimante, un lecteur DVD et une connexion internet. Plus d'un sur quatre possèdent également une console de jeux, un scanner, une caméra, un abonnement au câble/satellite ou encore un appareil photo numérique.'

Karine: Oui, oui, tu as raison mon chéri! Est-ce que ton article parle aussi de notre jardin, qui ressemble de plus en plus à une jungle? Quand est-ce que tu vas t'en occuper? Quand vas-tu tondre la pelouse? Quand vas-tu tailler la haie? Hein, mon lapin?

Denis: Pfff! OK, j'y vais...

Karine: Et la chambre des enfants?

Denis: OK, OK, je m'en occupe demain!

3 Qu'est-ce qu'on fait pour les vacances?

B

Muriel: Dis, Jérôme, tu as pensé aux vacances? Où est-ce qu'on va aller cette année?

Jérôme: Et bien, tu vas être fière de moi. J'ai tout organisé.

Muriel: C'est vrai? Oh là là, je suis folle d'impatience! Je me vois déjà sur la plage avec toi... et puis, nous irons faire des promenades, nous mangerons dans des restaurants chics tous les soirs. J'imagine notre hôtel... notre chambre... et nous ferons tous les clubs de la côte.

Jérôme: Oui, oui... le problème c'est qu'il n'y aura pas de plage.

Muriel: Quoi? Pas de plage? Mais... on ne va pas à Ibiza?

Jérôme: Pourquoi Ibiza? Non, je t'emmène... en Auvergne.

Muriel: Mais j'hallucine là! En Auvergne?

Jérôme: Ecoute, ça sera formidable. L'Auvergne est une région superbe et il y a tellement de choses à voir et à faire. Tiens, par exemple, nous serons en pleine campagne, nous nous promènerons dans la nature, nous verrons tous ces vieux volcans, nous visiterons ces villages pittoresques qui sont parmi les plus beaux de France. Il y aura plein de châteaux à voir. Et nous ferons pas mal d'activités sportives, comme du ski nautique, des randonnées à vélo et même du deltaplane, et puis, n'oublie pas que l'Auvergne est aussi réputée pour ses stations thermales… On va se refaire une santé!

Muriel: NOUS allons nous refaire une santé? Mais je rêve… TU vas te refaire une santé, moi je resterai dans la chambre d'hôtel et puis c'est tout!

Jérôme: Nous ne descendrons pas à l'hôtel. J'ai trouvé un petit terrain de camping très sympa, j'ai loué une petite caravane. On sera plus près de la nature, toi qui l'aimes tant! Et puis, l'office du tourisme m'a dit qu'en juillet, il fait toujours beau et chaud.

Muriel: Pardon? Juillet? Mais j'ai mes vacances en août. Là, c'en est trop…

Jérôme: Oh là là, mais qu'est-ce que tu fais?

Muriel: Et bien, je prends mon sac, je mets ma veste, je prends mes clés et je vais à l'agence de voyage… je vais réserver un vol pour Ibiza, je vais réserver un hôtel sympa en bordure de mer et j'y resterai trois semaines. SEULE! Je prendrai des bains de soleil tous les jours, je ferai du shopping tous les jours, j'irai dans les clubs tous les soirs et peut-être que j'y rencontrerai même l'homme de ma vie.

Jérôme: Oh Mumu, ne t'énerve pas comme ça. Je vais téléphoner au camping, je suis sûr qu'on pourra changer la réservation de la caravane pour le mois d'août.

UNIT 8

4 J'ai l'intention de ne rien faire du tout!

A

1 Corinne: Bonjour monsieur. Qu'avez-vous l'intention de faire cet été?

Homme: Ah, cet été: vacances à la maison!

Corinne: Vous ne partez pas alors?

Homme: Non, nous restons à la maison. Ma femme et moi avons décidé de redécorer l'intérieur. Nous aimerions aussi construire un jardin d'hiver, et vous savez, ça coûte cher donc il fallait choisir: le farniente ou le boulot. On a choisi!

2 Corinne: Bonjour madame, que comptez-vous faire cet été?

Femme: Et bien, je pars en Allemagne pour trois semaines.

Corinne: Dans quelle région allez-vous?

Femme: Je pars en Bavière avec mon mari. En fait, notre fils travaille là-bas… et il se marie en juillet. Nous allons donc rester chez ses beaux-parents pour préparer le mariage.

Corinne: Et vous parlez allemand, je suppose?

Femme: *Ja!* …Non, pas du tout, mais mon mari se débrouille… et j'ai décidé d'apprendre un peu. Je me suis inscrite à un cours du soir. Je commence demain.

3 Corinne: Monsieur, s'il vous plaît!

Homme: Oui?

Corinne: Qu'est-ce que vous allez faire cet été?

Homme: Oh là là, pas grand'chose! Malheureusement, je crois que je vais rester chez moi. J'avais l'intention de partir avec mon épouse en Amérique du Sud mais nous avons des petits problèmes avec la voiture et je crois que nous allons devoir en acheter une nouvelle.

Corinne: Ça tombe toujours aux mauvais moments.

Homme: Exactement, mais nous espérons quand même partir pour une semaine, peut-être en Alsace. On a besoin de repos!

4 Corinne: Pardon mademoiselle, est-ce que vous allez en vacances cette année?

Femme: Bonne question! Ça dépendra...

Corinne: Ça dépendra de quoi?

Femme: De mes résultats d'examens, en juin.

Corinne: Qu'est-ce que vous préparez?

Femme: Je fais un BTS en Tourisme. Je passe mes examens en mai, donc les vacances, on ose même pas en parler à la maison... car si je les rate, je devrai les repasser en septembre. Mais si je réussis, j'aimerais partir dans le Sud de la France, au soleil, avec mon petit-ami.

Corinne: Et bien, bonne chance, alors!

E

Femme: Alors, Jacques, quel temps fera-t-il aujourd'hui en France?

Jacques: Et bien, les orages éclateront dans le nord-est et dans le centre. Ces orages seront plus marqués des Ardennes à l'Alsace, au Jura et à l'Auvergne. Des Landes aux Charentes, l'atmosphère lourde donnera plutôt ici et là quelques ondées ponctuées de coups de tonnerre. On attend des orages parfois forts avec de la grêle en soirée et de fortes rafales de vent du Massif Central à Rhône-Alpes dès le milieu de journée. Le vent qui tourne au secteur nord-ouest apporte un peu de fraîcheur et plus de soleil sur la Bretagne, les Pays de la Loire et la Basse-Normandie l'après-midi. Enfin plus au sud, dans l'ensemble, la journée sera ensoleillée et très chaude. L'après-midi, les températures maximales sont à la baisse sur le nord-ouest et le nord avec 23 degrés, 26 à 28 degrés sur le nord-est; elles atteindront 34 degrés sur le sud-ouest dans le Midi-

Pyrénées, et 36 du centre-est à la Provence.

Femme: Et pour demain, Jacques, du soleil pour tout le monde?

Jacques: Alors, pour demain, sur les régions au nord de la Loire…

UNIT 9
2 Qu'est-ce qu'on va acheter comme cadeau?
B

Jamel: Dis, Florence, tu as pensé au cadeau pour le mariage de Bruno et Isabelle?

Florence: Non, je n'ai pas le temps d'y réfléchir. On peut leur acheter des fleurs. On n'est pas invités au repas, c'est juste pour le vin d'honneur.

Jamel: Oui, mais quand même, on peut peut-être leur acheter un petit cadeau. Ils auront un souvenir de nous, plutôt que des fleurs.

Florence: Tu crois? Ecoute, jette un œil sur internet, on trouvera peut-être des trucs sympas et originaux.

Jamel: OK. *[typing on computer]* Combien on met?

Florence: Je ne sais pas… pas plus de 40 €.

Jamel: *[reading]* '…luminaires, art de la table, linge de maison, cuisine, décoration…'

Florence: Regarde dans 'décoration'.

Jamel: Tiens, regarde, un vide-poche en cuir, rouge, marron ou fuchsia… 40 €.

Florence: Oh, c'est pas mal. Clique sur celui-là: deux bougeoirs en tissu gris et argent. Ah ben ça, c'est original, des bougeoirs en tissu. Le grand fait 20 cm de haut et le petit 10 cm. 37 € les deux, c'est bien non?

Jamel: Et là, il y a un vase en verre et en inox, c'est sympa aussi. Il fait 35 cm de haut et 12 cm de large… ça fera plus d'effet et en plus, regarde le prix: 14 €! Comme ça, on pourra aussi leur acheter des fleurs.

Florence: Excellent! On peut le commander en ligne?

Jamel: Bien sûr. Je vais le faire tout de suite.

Florence: Attends, quel est le délai de livraison?

Jamel: 48 heures.

Florence: Génial!

Jamel: Je commanderai les fleurs aussi par internet, c'est plus rapide et elles seront livrées directement chez Isabelle.

Florence: Tu es un ange.

Jamel: Je sais. Tu me donnes ta carte de crédit?

3 A la mode de chez nous
D

Les collections masculines célèbrent le retour du costume

Cette saison a été marquée par deux temps forts: l'arrivée triomphante de la collection John Galliano et le dernier défilé homme de Tom Ford pour Yves Saint Laurent. Trente-cinq shows et une vingtaine de présentations sur rendez-vous étaient au menu de ces collections où les hommes ont affirmé leurs différences.

Le slogan pour la prochaine saison automne–hiver sera Tailored (mot anglais qui veut dire 'fait dans l'esprit tailleur') car le costume est redevenu une pièce essentielle de la garde-robe aux dépens du sportswear.

Les créateurs ont choisi de moderniser les classiques en revenant à un vestiaire plus basique mais en inventant de nouvelles attitudes pour le porter. Ainsi l'homme affirmera une virilité appuyée par le retour de l'esprit tailleur et le port du costume. Ce retour de l'élégance cadre sans doute avec une envie d'accroître la clientèle.

Cette saison sera marquée par le retour des basiques, comme les duffle-coats et les manteaux, de préférence à martingale. Les vestes de toutes longueurs sont plus ou moins boutonnées selon le style, dandy, strict, décontracté, romantique. Les blousons continuent leur vie tandis que les gros pulls et autres lainages traduisent une envie très forte de confort, comme chez l'Américain Rick Owens. Les effets de matières ou de couleurs permettent de rompre l'uniformité et d'oser les mélanges discrets de tissus masculins, jouer les contrastes mat-brillant, drap de laine-cuir, tons vifs et froids.

4 Il y a un hic!
B

Femme: Modenligne bonjour!

Mme Legrand: Oui, bonjour. Voilà, j'ai commandé une chemise pour mon mari. Je l'ai reçue ce matin… le problème c'est que j'ai commandé une taille XL et vous m'avez envoyé une taille M.

Modenligne: Vous avez votre numéro de cliente, madame?

Mme Legrand: Oui, c'est le 0528QM4.

Modenligne: *[typing]* Vous pouvez me confirmer votre nom?

Mme Legrand: Madame Legrand, Bernadette.

Modenligne: En effet madame, c'est une erreur de notre part. Je suis désolée. Pouvez-vous nous renvoyer cet article dans son emballage d'origine et nous vous enverrons ce modèle en XL. Nous vous rembourserons bien évidemment les frais postaux.

Mme Legrand: D'accord, merci beaucoup. Au revoir.

Homme: Terroirs de France, bonjour.

M. Gaudefroy: Allô, oui. Denis Gaudefroy à l'appareil, qu'est-ce qui se passe avec ma commande?

Terroirs de France: Quel est le problème, monsieur?

M. Gaudefroy: Le problème? Ben, il manque six bouteilles de vin blanc. J'ai commandé douze bouteilles de vin rouge et six bouteilles de blanc. J'ai reçu le vin rouge mais pas le vin blanc.

Terroirs de France: Vous avez votre numéro de commande, monsieur?

M. Gaudefroy: Monsieur Gau-de-froy.

Terroirs de France: Votre NUMERO de commande, monsieur.

M. Gaudefroy: Ah! Non, je n'ai pas mes lunettes…

Terroirs de France: Pas de problème, je vais rechercher votre nom… Ah voilà… Oui, je vois… M. Gaudefroy, votre commande a été expédiée séparément, voilà pourquoi vous n'avez reçu que le vin rouge. Les six bouteilles de vin blanc vous seront livrées demain ou après demain au plus tard.

M. Gaudefroy: Ah bon! Alors ça va.

Terroirs de France: Rappelez-nous si vous ne recevez rien d'ici deux jours.

M. Gaudefroy: D'accord, merci. Allez, au revoir.

Femme: Son et image, bonjour.

M. Delforge: Oui bonjour, je peux vous donner mon numéro de référence?

Son et image: Bien sûr, allez-y!

M. Delforge: Alors, c'est le 01684 12 FR. Monsieur Delforge, Bruno.

Son et image: Merci monsieur. En quoi puis-je vous aider?

M. Delforge: Et bien, j'ai commandé un lecteur DVD par internet il y a deux semaines et je n'ai toujours rien reçu. Sur votre site, il était écrit que le délai de livraison était de cinq jours. Les 115 € ont été débités de mon compte mais je n'ai toujours pas mon appareil.

Son et image: Je vérifie votre dossier… en effet, le lecteur n'a pas été expédié. Je vous prie de nous excuser, monsieur, c'est une erreur de notre part. Je vous l'expédie immédiatement par colis express, vous le recevrez demain avant midi.

M. Delforge: Je vous remercie.

Son et image: Je vous en prie, et encore toutes nos excuses.

UNIT 10
2 Allez, au boulot!
B

Sylvie: Monsieur, qu'est-ce que vous faites comme travail?

Adrien: Et bien, je m'occupe du développement scolaire d'enfants, d'adolescents ou de jeunes adultes sourds ou malentendants.

Sylvie: Et ça consiste en quoi exactement?

Adrien: Alors, je leur enseigne les matières générales, en groupe ou individuellement, en utilisant des méthodes adaptées à leur handicap, grâce à des moyens spécifiques comme la lecture sur les lèvres ou la langue des signes. Je suis…

Sylvie: Madame, s'il vous plaît, quelle est votre profession?

Chantal: Moi? Je m'occupe de l'exportation de produits. Je suis responsable des envois des commandes à l'étranger. Alors, je supervise l'emballage des produits, je me charge des papiers nécessaires et veille au transport. Je suis…

Sylvie: Pardon mademoiselle, est-ce que vous travaillez?

Julie: Oui, enfin non. En fait, je travaille pour une grosse compagnie, mais ça fait partie de mes études. Je dois passer quatre mois dans une entreprise afin d'apprendre les techniques de vente sur le terrain. Je travaille donc avec le chef des ventes, j'observe ce qu'il fait et je l'aide aussi dans certaines tâches. Je suis…

Sylvie: Monsieur s'il vous plaît, en quoi consiste votre travail?

Jamel: Alors moi, je travaille dans le multimédia. Je crée et produis des images pour les jeux vidéos ou alors pour les bornes d'informations interactives, vous savez comme il y a dans les musées, mais je crée aussi des trucages numériques pour le cinéma. Je suis…

3 Vous êtes viré!
B

Jérôme: Ecoute, Mumu, ce n'est pas la fin du monde! Arrête de pleurer.

Muriel: Ah ben, c'est facile pour toi, tu as un boulot… et moi…, et moi je suis au chômage… renvoyée…

virée! Tu comprends ça?

Jérôme: Je t'avais dit d'arrêter les emails perso à tes copines, au bureau; plus le virus qui s'est répandu dans tous les ordinateurs de la compagnie, qu'est-ce que tu espérais?... des encouragements? ... des félicitations? Bon allez, Mumu, viens, on va faire ton CV ensemble et tu verras, tu vas retrouver du travail en un rien de temps.

Muriel: D'accord Nounou... Bon, je vais d'abord le faire au brouillon et je le taperai plus tard, hein?

Jérôme: OK. Bon, alors tu vas diviser ton CV en plusieurs parties. La première: ton nom et tes coordonnées. La deuxième: ton expérience professionnelle, la troisième: ton éducation, tes études et la quatrième pour des choses diverses.

Muriel: Attends, je vais prendre quatre feuilles. Comme ça, je ne m'embrouille pas.

Jérôme: Prends quatre feuilles si tu veux. Alors, feuille numéro un: tes nom, prénom, adresse, numéro de téléphone et adresse électronique. N'oublie pas que tu dois être joignable à tout moment si la compagnie veut te contacter pour un entretien.

Muriel: Ah ben oui.

Jérôme: Feuille numéro deux: Ton premier travail, c'était quoi?

Muriel: D'abord, j'ai été fille au pair en Angleterre pour les Richardson pendant un an.

Jérôme: OK, alors tu l'écris... et ensuite?

Muriel: Ensuite, j'ai travaillé pour Euromix comme secrétaire bilingue pendant cinq ans, ensuite j'ai eu mon premier travail de comptable pour une boîte qui s'appelle Valo. J'y suis restée six ans. Et enfin, il y a eu Vorex où j'étais comptable aussi, pendant deux ans, trois mois et quatre jours.

Jérôme: Et on enchaîne... feuille numéro trois. Tu as eu ton brevet des collèges?

Muriel: Bien sûr, je l'ai passé au

collège Voltaire, après j'ai eu mon bac G2 – gestion et comptabilité au lycée Kastler, et puis j'ai eu mon BTS Assistant de gestion juste avant d'aller en Angleterre. J'ai aussi fait une formation de sténodactylo.
Jérôme: Parfait.
Muriel: Je l'ai faite quand je travaillais chez Euromix.
Jérôme: Tu peux écrire ça à la fin de ton CV, dans une quatrième partie. Et tu peux aussi écrire que tu parles anglais couramment.
Muriel: Non, je ne parle pas couramment. Je ne l'ai pas pratiqué depuis des années, tu imagines…

D

Votre CV est votre passeport pour l'emploi, mais êtes-vous sûr d'avoir le bon visa en règle?

Votre CV n'est rien d'autre qu'un passeport pour l'entretien. Il n'est que la première étape d'un parcours qui peut s'avérer long et difficile, surtout si vous avez affaire à un cabinet de recrutement. C'est votre carte de visite privilégiée, le reflet de votre parcours personnel et professionnel et de votre personnalité.

Votre CV doit retracer fidèlement votre cursus personnel et professionnel en indiquant:

- ce que vous êtes,
- ce que vous avez fait,
- ce que vous avez appris,
- ce que vous êtes capable de faire.

Soignez-le donc comme il le mérite car vous serez jugé sur sa pertinence et son attractivité.

Un CV bien fait est un CV qui rassure, suggère, et finalement donne envie au recruteur potentiel de vous rencontrer. Il le lira d'abord en diagonale, en 30 secondes ou moins, pour vérifier que tout y est, c'est-à-dire que votre profil correspond aux exigences minimales requises par le poste en termes d'âge, de formation, d'expérience (essentiellement la dernière), de type de sociétés, et de secteur d'activités.

Donnez-lui ces points de repère par une présentation claire et aérée: qu'il ne cherche pas. Si votre profil passe la rampe, il prendra alors le temps de 'l'éplucher' en détail pour se faire son opinion. En étant synthétique, précis, concret, positif, faites en sorte que votre candidature soit la meilleure possible, et qu'elle atterrisse dans la banette ou chemise 'à convoquer'.

4 J'ai trouvé du travail!
A
Jérôme: Bonjour ma puce. Qu'est-ce que tu fais?

Muriel: Je suis allée à l'ANPE ce matin et j'ai vu une annonce pour un boulot qui serait parfait pour moi. Je suis en train de faire ma lettre de motivation.

Jérôme: Ouah, c'est génial!

Muriel: Attends, je vais te la lire et tu me diras ce que tu en penses. *[reading]* Madame, Monsieur, Votre annonce déposée à l'ANPE a retenu toute mon attention. Vous recherchez pour occuper les fonctions d'assistante une personne de confiance, disponible et efficace…

Jérôme: *[coughs]*

Muriel: Quoi?

Jérôme: Non non, rien, continue.

Muriel: Veuillez trouvez ci-joint mon curriculum vitae. Plus de douze ans d'expérience dans le secrétariat et la comptabilité m'ont permis de maîtriser parfaitement ce poste dans tous ses aspects: frappe, organisation, classement, discrétion.

Jérôme: Discrétion…

Muriel: … Sérieuse et travailleuse, vous pouvez compter sur ma disponibilité. Par ailleurs, mon engagement associatif me semble être un atout pour votre société dont une grande partie de la clientèle est constituée d'associations.

Je me tiens à votre disposition pour un prochain entretien et vous prie de croire, Madame, Monsieur, à l'assurance de ma considération distinguée.

TRANSCRIPTS

Jérôme: Bien bien bien… et depuis quand tu as un engagement associatif?

Muriel: Mais ça, on s'en fiche! Si j'ai un entretien, j'irai m'inscrire à une ou deux associations caritatives et puis voilà. Ecoute Jérôme, sois positif, s'il te plaît!

AUDIO CONTENT

The *Access French* audio material consists of two CDs or cassettes, as follows:

CD 1
Unit 1: tracks 1–4
Unit 2: tracks 5–8
Unit 3: tracks 9–11
Unit 4: tracks 12–14
Unit 5: tracks 15–20

CD 2
Unit 6: tracks 1–4
Unit 7: tracks 5–7
Unit 8: tracks 8–11
Unit 9: tracks 12–15
Unit 10: tracks 16–20

TAPE 1
Side 1: Unit 1–Unit 3
Side 2: Unit 4–Unit 5

TAPE 2
Side 1: Unit 6–Unit 8:4A
Side 2: Unit 8:4E–Unit 10

REFERENCE CARDS

The following are examples of cards for some of the pair- and groupwork activities in the coursebook. These can also be found on our website www.accesslanguages.com

UNIT 1
2F

CARD A

1 Où êtes-vous né(e)?
2 Comment s'appelle votre meilleur(e) ami(e)?
3 A quelle heure finissez-vous le travail en général?

CARD B

1 Comment venez-vous à votre classe de français en général?
2 Depuis quand apprenez-vous le français?
3 Quel(le) est votre acteur/actrice préféré(e)?

3F

- Edith Piaf
- La Joconde
- Marilyn Monroe
- Eve
- La Reine Elizabeth II
- Moi-même
- Cléopâtre

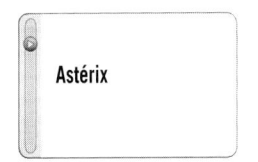

- Charles de Gaulle
- Elvis Presley
- Jules César
- Sacha Distel
- Gérard Depardieu
- Moi-même
- Astérix

UNIT 2
1A

Nom: Thomas Legrand
Date de naissance: 3 juin
Lieu de naissance: Paris
Age: 35
Famille: 2 frères
Status civil: célibataire
Sport préféré: football
Passe-temps: collectionne les timbres postaux

Nom: Edouard Fournier
Date de naissance: 10 juillet
Lieu de naissance: Montréal
Age: 64
Famille: 2 fils, 1 petite-fille
Statut civil: divorcé
Sport préféré: tennis
Passe-temps: jardinage

Nom: Thierry Valet
Date de naissance: 5 juillet
Lieu de naissance: Paris
Age: 22
Famille: 1 sœur
Statut civil: fiancé
Sport préféré: aucun
Passe-temps: sortir avec ses amis

Nom: Roger Vaillant
Date de naissance: 22 décembre
Lieu de naissance: Genève
Age: 51 ans
Famille: 2 fils, 2 petites-filles
Statut civil: divorcé
Sport préféré: pétanque
Passe-temps: collectionne les timbres postaux

Nom: Christine Lefèbvre
Date de naissance: 4 décembre
Lieu de naissance: Lyon
Age: 51 ans
Famille: 2 filles, 2 petits-fils
Statut civil: veuve
Sport préféré: patinage artistique
Passe-temps: tricoter

Nom: Charlotte Gaudefroy
Date de naissance: 30 juin
Lieu de naissance: Quimper
Age: 48 ans
Famille: 1 fils, 1 fille
Statut civil: mariée
Sport préféré: patinage artistique
Passe-temps: jardinage

Nom: Juliette Viennois
Date de naissance: 18 janvier
Lieu de naissance: Grenoble
Age: 19 ans
Famille: fille unique
Statut civil: petit ami
Sport préféré: volleyball
Passe-temps: lecture

Nom: Nathalie Montiel
Date de naissance: 7 janvier
Lieu de naissance: Reims
Age: 39 ans
Famille: 3 fils
Statut civil: mariée
Sport préféré: natation
Passe-temps: peinture

UNIT 2

UNIT 3
4G

Further practice. Give these cards to your students, working in pairs A and B. They should try to answer their partners' questions orally, giving as many details as possible.

CARD A

1 Qu'est-ce que vous avez acheté comme cadeaux à Noël dernier?
2 Quelle est votre méthode de paiement préférée? Pourquoi?
3 Quand avez-vous joué à la loterie pour la dernière fois?
4 Est-ce que vous pariez aux courses? Pourquoi?
5 Est-ce que vous faites des dons d'argent à des associations?

CARD B

1 A quelle occasion avez-vous dépensé beaucoup d'argent pour quelqu'un?
2 Est-ce que vous avez déjà donné de l'argent à un mendiant?
3 Combien de fois par semaine faites-vous les courses?
4 Avez-vous déjà gagné aux jeux (loterie ou casino)?
5 Est-ce que vous donnez de l'argent de poche à vos enfants?

UNIT 4
2E

Further practice. Give these cards to your students, working in pairs A and B. They should try to answer their partners' questions orally, giving as many details as possible.

CARD A

1 Est-ce que vous aimez la maison ou l'appartement où vous vivez actuellement?
2 Dans combien de maisons ou appartements avez-vous vécu?
3 Combien de pièces y a-t-il chez vous?
4 Décrivez votre salon.
5 Est-ce que votre maison ou appartement est situé(e) dans un endroit calme?

CARD B

1 Quels sont les avantages de votre maison ou appartement?
2 Quelle est votre pièce favorite? Pourquoi?
3 Quels changements (travaux, décoration) avez-vous fait récemment chez vous?
4 Décrivez votre chambre à coucher.
5 Pouvez-vous décrire votre maison ou appartement en trois mots?

UNIT 5
2A

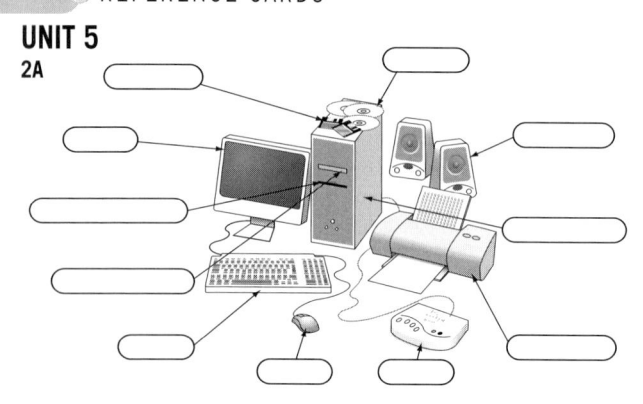

3G

Give each student two **A** and two **B** cards.

A1 – *Your partner starts the conversation. He/She picks up the phone.*

> *Your name:* Patrick/Patricia Dupont
> *Your company:* Société Sonex
> *To talk to:* Marc Moreau
> *Message:*
> Meeting tomorrow cancelled.
> Postponed to next week
> (Thurs. 10am)

B1 – *You start the role-play. Phone ringing, you pick up the phone.*

> *Your name:* Dominic/Dominique Valère
> *Your company:* Société Trouvère
> M. Moreau not at his desk.
> Message?

A2 – *Your partner starts the conversation/picks up the phone.*

> *Your name:* Frédéric/Frédérique Montsou
> *To talk to:* Dr Bastien
> *Message:*
> Appointment on Friday to be cancelled.
> Business appointment abroad.

B2 – *You start the role-play. Phone ringing, you pick up the phone.*

> *Your name:* Christian(e) Morel
> *Your company:* Centre médical du Nord
> Dr Bastien busy with a patient.
> Message?

A3 – *Your partner starts the conversation/picks up the phone.*

> *Your name:* Julien/Julie Gaspard
> *To talk to:* Sophie
> *Message:*
> Can't meet up tonight at the bar.
> Not feeling very well.

B3 – *You start the role-play. Phone ringing, you pick up the phone.*

> *Your name:* Marcel/Marcelle Duchoix
> Sophie gone out shopping.
> Message?

A4 – *Your partner starts the conversation/picks up the phone.*

> *Your name:* Luc/Lucie Delâtre
> *Your company:* Fervier SA
> *To talk to:* Mme Martine Gaillant
> *Message:*
> Urgent. Late for meeting.
> Still in Orly – flight delayed (1 hour).
> Going to phone when arrived in Nice.

B4 – *You start the role-play. Phone ringing, you pick up the phone.*

> *Your name:* Sylvain/Sylvie Biot
> *Your company:* Gaillant-Lemarchand
> Mme Gaillant on the phone at the moment.
> Message?

UNIT 5

UNIT 8
3F

CARD A1

– Find out where your partner is going on holiday this year.
Your partner's answer:

– Find out who she/he's going with.
Your partner's answer:

– Find out how they'll be travelling.
Your partner's answer:

– Find out where they'll be staying.
Your partner's answer:

– Find out how long they'll be staying for.
Your partner's answer:

– Find out what they'll be doing there.
Your partner's answer:

*Try to use **y** to avoid repeating the name of the place.*

CARD A2 *Try to use **y** to avoid repeating the name of the place.*

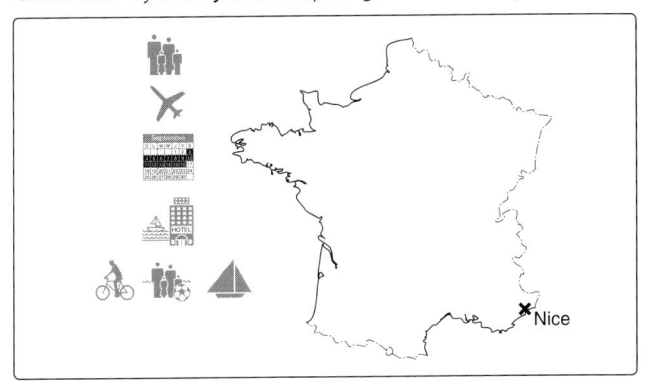

CARD B1 *Try to use **y** to avoid repeating the name of the place.*

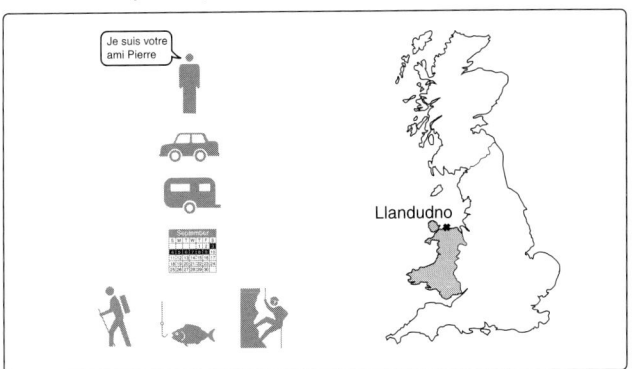

UNIT 8

CARD B2

– Find out where your partner is going on holiday this year.
Your partner's answer:

– Find out who she/he's going with.
Your partner's answer:

– Find out how they'll be travelling.
Your partner's answer:

– Find out where they'll be staying.
Your partner's answer:

– Find out how long they'll be staying for.
Your partner's answer:

– Find out what they'll be doing there.
Your partner's answer:

*Try to use **y** to avoid repeating the name of the place.*

4G

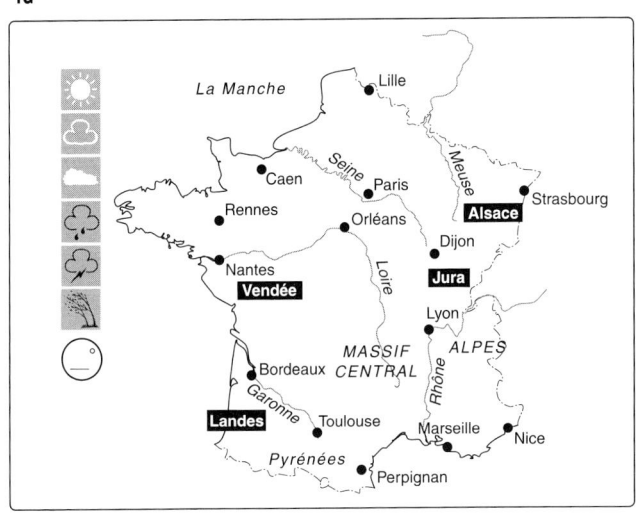

4H

The following sites can be used for reference and to give details of the weather forecast and maps for different areas worldwide:

www.weather.com
www.yahoo.com

UNIT 8

UNIT 9
2D

CARD A

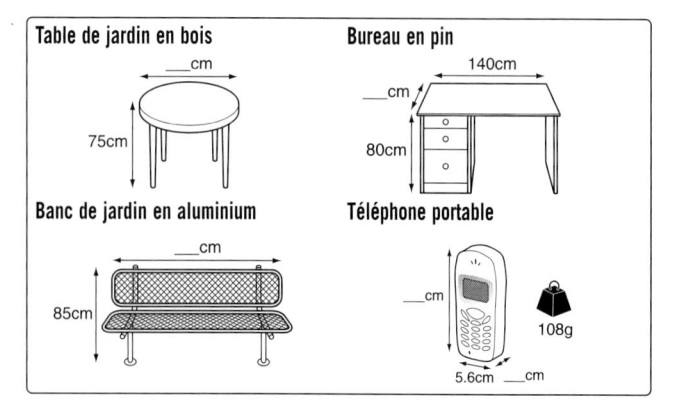

Table de jardin en bois
___cm
75cm

Bureau en pin
140cm
___cm
80cm

Banc de jardin en aluminium
___cm
85cm

Téléphone portable
___cm
108g
5.6cm ___cm

CARD B

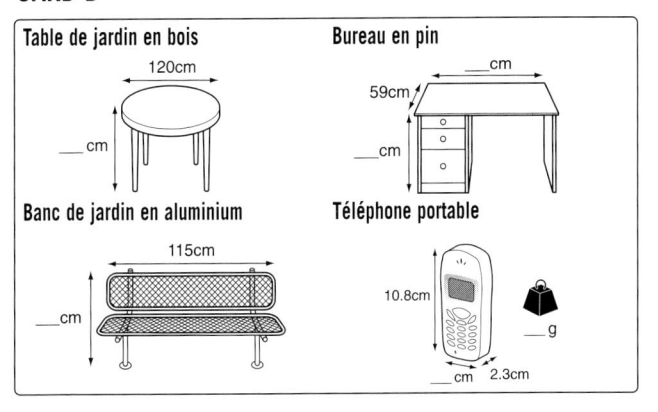

Table de jardin en bois
120cm
___ cm

Bureau en pin
___ cm
59cm
___ cm

Banc de jardin en aluminium
115cm
___ cm

Téléphone portable
10.8cm
___ g
___ cm 2.3cm

UNIT 9

UNIT 10
2E

Further practice. Give these cards to your students, working in pairs A and B. They should try to answer their partners' questions orally, giving as many details as possible.

CARD A

1 A quel âge avez-vous commencé à travailler?
2 Avez-vous déjà travaillé à mi-temps?
3 Qu'est-ce que vous faites comme travail actuellement?
4 Que faisiez-vous comme travail avant?
5 Aimeriez-vous travailler dans une ferme? Pourquoi?

CARD B

1 Décrivez une journée typique au travail.
2 Avez-vous déjà travaillé bénévolement?
3 Pour quelle sorte de compagnie travaillez-vous (ou avez-vous travaillé)?
4 Quel a été votre tout premier travail?
5 Aimeriez-vous être directeur/directrice d'une grande compagnie? Pourquoi?